Mochi

Japanisches Konfekt

HÄDECKE

MATHILDA MOTTE

Mochi
Japanisches Konfekt

MOCHI, DANGO, DAIFUKU UND NERIKIRI
EINFACH SELBSTGEMACHT

INHALT

HINWEIS: ALLE BEGRIFFE, DIE MIT EINEM STERN* GEKENNZEICHNET SIND, WERDEN IM GLOSSAR ERLÄUTERT.

EINFÜHRUNG

Die Japaner verwenden Mochi* als Grundlage für zahlreiche Sorten von süßem Kleingebäck oder Konfekt, ähnlich wie wir Brandteig. Aber da enden auch schon die Gemeinsamkeiten, weil die Art und Weise, wie sie dieses Konfekt anrichten, mit Aromen versehen und es verzehren, sich sehr davon unterscheiden, wie wir Desserts zubereiten und essen. Kommen Sie mit auf eine Reise, jenseits von unserem bekannten Gebäck, und interpretieren Sie mit mir die Klassiker der süßen Kunst Japans neu.

Viel Freude beim Naschen und Ausprobieren

wünscht Ihnen

Mathilda Motte

DAS GEHEIMNIS DER REISKUGELN

Als ich im April 2011 nach Tokyo zog, durchstöberte ich alle Lebensmittelgeschäfte meines Wohnviertels nach süßen Spezialitäten. Abgesehen von ***shukurimu*** (wird häufig „Schuhurimu" ausgesprochen und bedeutet so viel wie „Creme") und ***monburan*** (weißer Berg) entdeckte ich nichts, was auch nur annähernd einem Dessert hätte ähneln können. Zunächst vermutete ich, dass dies ein Problem meines Viertels, Roppongi, sein könnte, das eher für seine Karaoke-Bars und Diskotheken als für Delikatessenläden bekannt ist. Aber als ich meine Suche auf das Nachbarviertel Akasaka ausdehnte, in dem es gehobenere Feinkostgeschäfte gibt, machte ich genau dieselben Erfahrungen. Mein Japanischlehrer, ein ausgezeichneter Koch, nannte mir eine Adresse im Chiyoda-Viertel. Das war zwar ziemlich weit von meiner Wohnung entfernt, aber einen solchen Kulturschock hatte ich nicht erwartet! Die Bude, vor der ich nun stand, hatte nichts von unseren Konditoreien und Bäckereien mit ihren hübsch dekorierten und einladenden Schaufenstern. Die blinden Fensterscheiben in den quadratischen Rahmen wurden von einem schwarzen Stoffband umrahmt, auf das mit einem Pinsel ein paar weiße Zeichen aufgemalt worden waren. Eingeschüchtert wagte ich kaum, die Tür zu öffnen. Aber dann entdeckte ich eine neue Welt…

奈良漬
ゴーヤレモン
みょうが漬

大根昆布
すっぱいです
大根ヌカ漬
古漬 なす
青瓜ヌカ漬
一ケ 三五〇円
古漬胡瓜
一本 一〇〇円

賃貸専門
ヨドバシカメラ
らあめん
餃子

出し昆布
¥1,000
¥500

DIE SÜSSE SEITE JAPANS

Traditionelles japanisches Konfekt heißt ***wagashi*** * – ***wa*** bedeutet „japanisch" und ***gashi*** „Konfekt". Man verzehrt es aber nicht zum Abschluss einer Mahlzeit wie meist in der westlichen Welt, sondern als Zwischenmahlzeit und traditionell zur Teezeremonie. Der Geschmack und die Textur der Wagashi haben nichts mit unseren Desserts gemein. Japanisches Konfekt wird mit ***anko****, einer süßen Bohnenpaste, gefüllt, überzogen und dekoriert. Diese wird auf der Basis von Adzukibohnen und Zucker zubereitet und verströmt einen lieblichen, zarten und betörenden Duft. Japanisches Konfekt ist gekennzeichnet von Gegensätzen zarter und kräftiger Aromen, die in Spannung zueinander und in vielen Abstufungen verwendet werden.
Der besondere Stellenwert süßer Speisen in Japan erklärt sich vielleicht mit der späten Ankunft des Zuckerrohrs, das im 14. Jahrhundert über Handelsbeziehungen mit Portugal auf die Inseln importiert wurde. Bis dahin verwendete man Pflanzenextrakte wie Amazake, einen Sirup auf Basis von fermentiertem Reis, als Süßungsmittel. Selbst wenn manche Dokumente darauf hinweisen, dass der Zucker seit dem 8. Jahrhundert aus China eingeführt wurde, so verbreitete er sich in der japanischen Gesellschaft doch erst im 16. Jahrhundert, als die Beziehungen zur westlichen Welt intensiviert wurden. Insbesondere bei der japanischen Teezeremonie spielt der Genuss von Konfekt eine wichtige Rolle.

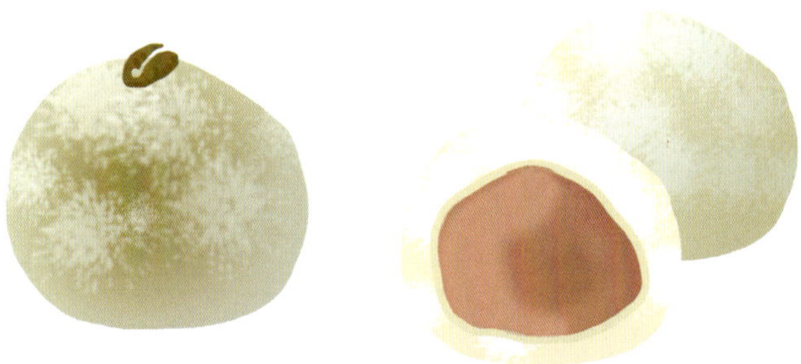

Wagashi

Japanisches Konfekt

Yokam

Gelee auf Basis von Agar-Agar

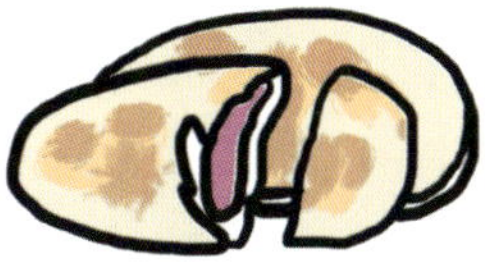

Yakigashi

westlich beeinflusstes Gebäck, oft aus einer Art Waffelteig zubereitet

Kasutera

lockerer Kuchen portugiesischen Ursprungs

Manjū

kleiner Kuchen, der im Dampf gegart wird

Higashi

trockener Biskuit auf Basis von Reis und Zucker

Konpeito

japanisches Konfekt

Mochi & Nerikiri

Konfekt auf Basis von Klebreis

Dango

Mochi am Spieß

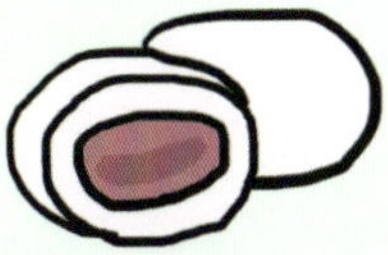

Daifuku

gefülltes Mochi

Nerikiri

Konfekt auf Basis von Bohnen und Mochi-Teig

Das Klima im Süden Japans ist ideal für den Zuckerrohranbau. Daher wird seit dem 18. Jahrhundert eine spezifisch japanische Zuckerpflanze angebaut, nämlich der ***wasanbon****, eine zarte Pflanze, aus der Zucker erzeugt wird.
In der großen Familie der Wagashi und der Gashi unterscheidet man sehr unterschiedliche Formen. Dies sind ***yokan****, ein Gelee auf der Basis von Agar-Agar und Anko*, ***manjū****, ein kleiner, im Dampf gegarter Kuchen, und natürlich das Mochi.* Ihm und seinem Cousin, dem ***nerikiri****, ist dieses Buch gewidmet.

DIE WUNDERBARE WELT DER MOCHI

Mochi* ist das japanische Traditionskonfekt par excellence. Ebenso wie die Misopaste, auch eine berühmte japanische Zutat, stammt es jedoch ursprünglich aus China und kam wahrscheinlich mit dem Buddhismus im 6. Jahrhundert ins Land Japan. Übrigens hat das Mochi immer noch eine stark religiöse Bedeutung und wird bei heiligen Opfergaben gereicht, insbesondere zu Neujahr. So kann man oft im Januar in den Straßen Tokyos und anderswo Ritualen beiwohnen, bei denen mächtige Kerle im Kimono den Reis mit gigantischen Hämmern schlagen.

Traditionellerweise wird der Mochi-Teig so zubereitet: Man schlägt den Klebreis, bis man eine feine, glatte Masse erhält. Das ist eine sehr anstrengende Arbeit, die wir uns heute dank des Reismehls ersparen können. Es reicht, etwas Wasser und Zucker vor dem Garen hinzuzufügen, und fertig ist der Teig. So ist das Mochi eine der am einfachsten zubereiteten Süßigkeiten, die ich kenne. Dagegen ist das süße Backwerk, das wir in unserer westlichen Welt gewohnt sind, in der Herstellung kompliziert!
Wenden wir uns nun den Bezeichnungen zu. Als Mochi werden zunächst die ***dango****** bezeichnet, kleine Kugeln aus Klebreis, die oft in einer größeren Menge gereicht werden. Man verzehrt Mochi auch als süße Würfel, wie das türkische Lokum, die mit Farnkraut gewürzt sind, oder auch mit geröstetem Sojabohnenmehl, das sind dann kinako. Es gibt auch noch die ***daifuku****, eine japanische Version der Macarons. Sie bestehen aus einer äußeren weichen Schicht und einer cremigen Füllung. Beide können, wie bei den Macarons, auf unterschiedliche Weise aromatisiert werden, sodass es eine Vielzahl an Daifuku gibt. Schließlich gibt es noch ***nerikiri****, die eigentlich nicht zu den Mochi gehören, die aber aus einer Mischung von ***shiroan**** und ***gyūhi**** (einem besonders weichen Mochi-Teig) bestehen. Sie werden je nach Jahreszeit unterschiedlich geformt, manchmal zu richtigen kleinen Skulpturen, die kunstvoll gearbeitet und gefärbt sind.

MATHILDAS MOCHI

Ich bin von Haus aus Zeichnerin und Food-Stylistin und studierte Geschichte und Kunstgeschichte, bevor ich zum Kochen kam. Der Auslöser dafür war ein Aufenthalt in Japan. Dort entdeckte ich eine ganz neue Geschmackswelt, neue Texturen und Düfte und hatte nur noch ein Ziel: diese Entdeckungen zu teilen. Also richtete ich einen Blog ein („Cuisine en Bandoulière"/Umhängeküche), wo ich viele verschiedene Rezepte aus Frankreich und Japan vorstelle. Zurück in Frankreich pflege ich heute eine einfache und kreative Küche, in der sich der japanische Einfluss mit leicht erhältlichen lokalen Produkten verbindet. Denn ein Küchenmix, der dennoch stark in der eigenen Region verwurzelt ist, entspricht ja den heutigen Kochgewohnheiten.
In diesem Buch, das mehr als einfach nur Rezepte enthält, teile ich mit Ihnen, was ich im Laufe meiner Versuche mit Mochi* herausgefunden habe. Darüber hinaus hoffe ich, Anregungen zu geben, damit die Küche im Alltag zu einer Art Spielwiese wird, wo man seine ganze Kreativität entfalten kann.

DIES IST DER LEITSPRUCH DIESES BUCHES:
HABEN SIE SPASS UND WAGEN SIE WAS!

SCHWIERIGKEITSGRAD DER REZEPTE

Mochi* sind viel einfacher herzustellen, als es den Anschein hat. Zur Orientierung haben wir den Rezepten verschiedene Schwierigkeitsgrade zugeordnet:

Sehr einfach | Einfach | Mittel | Schwierig

Arrow-Root

GRUNDREZEPTE

Aufgrund ihrer UFO-ähnlichen Form und unbekannten Zutaten schüchtern Mochi* zunächst ein wenig ein. Aber aus der Nähe betrachtet, erkennt man schnell, dass die Zubereitung sehr einfach ist und man nur wenige Zutaten und Küchenutensilien dafür braucht.

Auch wenn die Bohnenpasten, die für einige Rezepte benötigt werden, etwas Zeit in Anspruch nehmen, wird man danach durch die blitzschnelle Fertigstellung der Mochi belohnt.

Finden Sie nicht alle Zutaten? Hier werden Alternativen angegeben, die Augen und Gaumen täuschen – auch die erfahrensten.

Befürchten Sie, die Handgriffe nicht richtig auszuführen? Zeichnungen zeigen detailliert die Grundschritte, damit man im Handumdrehen Daifuku*, Nerikiri* und andere Dango* herstellen kann.

KÜCHENUTENSILIEN

Die hier aufgeführten Küchenutensilien sind kein absolutes Muss, aber es ist gut, wenn man ein Passiergerät hat. Die folgende Auflistung zeigt das Wichtigste und mögliche Alternativen.

HITZEBESTÄNDIGE FRISCHHALTEFOLIE
Sie ist zwar nicht sehr umweltfreundlich, aber praktisch, um Mochi*-Teig luftdicht zu verschließen, bevor er in die Mikrowelle kommt oder um Nerikiri* in eine hübsche, gedrehte Form zu bringen. Wer partout darauf verzichten möchte, kann seinen Mochi-Teig in einem Topf kochen (Seite 27) oder den Nerikiri-Teig in einem Geschirrtuch drehen und in Form bringen. (Dann erhalten Ihre Nerikiri zusätzlich noch ein hübsches Muster durch die Stoffoberfläche.)

KNOBLAUCHPRESSE
Sie ist ideal, wenn Sie aus Shiroan* oder Nerikiri*-Teig dünne Stränge herstellen wollen. Achten Sie immer darauf, dass sie vor dem Benutzen gut gereinigt ist, damit Ihre Kreationen keinen Knoblauchgeschmack bekommen. (Bei den salzigen Versionen mit Petersilie oder Frischkäse könnte diese pikante Note allerdings durchaus interessant sein!)

MIKROWELLE
In Japan hat sie den Dampfgarer entthront und wurde zum meistgebrauchten Küchengerät. Aber wenn Sie sie nicht benutzen wollen oder keine Mikrowelle haben, können Sie stattdessen auch einen Kochtopf verwenden. Dann entsprechen ungefähr 5–10 Min. kochen bei niedriger Hitze auf dem Herd 2 Min. garen in der Mikrowelle bei 850 Watt.

PASSIERGERÄT FÜR GEMÜSE Mit den unterschiedlichen Siebeinsätzen können Sie ein sehr feines Shiroan* herstellen, aber ebenso Teigstränge in verschiedenen Stärken.

STÄNGEL, BLÄTTER UND FRÜCHTE Um das hübsche Aussehen der Mochi* zu unterstreichen, verwendet man für die Dekoration nur Teile der im Rezept verwendeten Zutaten. Den Stiel einer Orange oder Khaki, die Blätter des entsprechenden Baums oder des Gewürzes, Zitrusschalen, Kakaopulver, Kaffeebohnen… Das Ergebnis wird köstlich und authentisch sein!

KLEINER TOPF MIT DICKEM BODEN
Wer keine Mikrowelle hat, braucht ihn. Der dicke Boden verteilt die Hitze gleichmäßig. Insbesondere Mochi*-Teig brennt darin nicht an. Außerdem ist es wichtig, dass der Topf klein ist, damit nicht zu viel Teig vergeudet wird. Wenn Sie noch keinen kleinen Topf mit schwerem Boden haben, möchte ich Sie hiermit ermuntern, sich einen anzuschaffen. Er wird schon bald unentbehrlich sein, um Saucen oder Puddings zuzubereiten!

MOCHI-TEIG AUS DEM KOCHTOPF

Mit ihm beginnt alles! Für alle, die keine Mikrowelle haben oder sie nicht gerne benutzen, ist dies ein einfaches und schnelles Rezept für Mochi-Teig. Hierbei ist es wichtig, kräftig und beständig zu rühren, wenn der Teig dick und heller wird. Viel Spaß!

ZUBEREITUNG: 5 MIN. | GAREN: 8–10 MIN.

1

2

3

FÜR 8 DAIFUKU

80 g Shiratamako*
(Klebreismehl)
70 g Zucker
120 ml Wasser
Speisestärke

1. Shiratamako und Zucker in einen kleinen Topf mit dickem Boden geben und vermischen. Wasser hinzufügen und unterrühren.

2. Bei niedriger Hitze zum Kochen bringen. Dabei wie bei einer Konditorcreme regelmäßig umrühren, bis die Masse dicklich wird (das dauert etwa 8–10 Min.).

3. Wenn der Teig fertig ist, sollte er cremeweiß, hell, dicklich und klebrig sein. Am besten testet man dies, indem man etwas Teig auf einen mit Speisestärke bestäubten Teller gibt. Wenn der Teig formbar ist, ist er fertig. Wenn er noch auseinanderläuft, muss die Kochzeit um wenige Minuten verlängert werden, bis er die gewünschte Konsistenz hat.

MOCHI-TEIG AUS DER MIKROWELLE

Auf diese Weise ist Mochi-Teig kinderleicht herzustellen. Man muss nur auf die richtige Konsistenz achten: Er darf nicht zu flüssig und nicht zu fest, sondern soll klebrig und cremeweiß sein. Mit diesem Rezept werden Sie von Anfang an ein gutes Ergebnis erzielen, wenn Sie sich genau an die angegebene Watteinstellung und genannten Zeiten halten.

ZUBEREITUNG: 15 MIN. | GAREN: 4½ MIN.

FÜR 8 DAIFUKU

80 g Shiratamako*
(Klebreismehl)
70 g Zucker
160 ml Wasser
Speisestärke

1. Shiratamako und Zucker in einer mikrowellengeeigneten Schüssel vermischen. Nach und nach das Wasser hinzufügen, alles gut verrühren.

2. Die Schüssel mit Frischhaltefolie abdecken, damit kein Dampf entweichen kann. Dann 1½ Min. bei 850 Watt in der Mikrowelle garen.

3. Die Frischhaltefolie abnehmen und die Masse grob mit einem Esslöffel oder Spatel durchrühren. Der Teig wird klebrig, daher sollte man nicht versuchen, ihn perfekt zu mischen. Nochmals mit Folie abdecken und 1½ Min. bei 850 Watt garen. Durchrühren und den Vorgang nochmals wiederholen.

4. Die Arbeitsfläche mit Speisestärke bestäuben und den Teig daraufgeben. Etwa eine Viertelstunde abkühlen lassen und anschließend in einem Rezept Ihrer Wahl weiterverarbeiten.

ACHTUNG! Beim Garen in der Mikrowelle kann das Gefäß sehr heiß werden. Außerdem entweicht beim Abnehmen der Folie heißer Dampf.

MOCHI-TEIG MIT PFEILWURZELMEHL

Können Sie kein Shiratamako finden? Dann habe ich eine gute Nachricht für Sie: Es gibt eine Alternative, nämlich Pfeilwurzelmehl. Die Garzeit ist dann zwar kürzer, aber die Konsistenz des Teigs ist ähnlich. Der Hauptunterschied liegt in der Farbe, der Teig wird dann nicht weiß, sondern hellbraun. Das passt gut zu Aromen wie Kaffee oder Schokolade. Wenn Sie ihn aber dick mit einer Mischung aus Stärke und Puderzucker bestäuben, wird man es gar nicht merken …*

ZUBEREITUNG: 15 MIN. | GAREN: 5–8 MIN.

1

2

3

FÜR 8 DAIFUKU

80 g Pfeilwurzelmehl (Arrow-Root-Stärke)
40 g Zucker
160 ml Wasser

1. Pfeilwurzelmehl und Zucker in einen kleinen Topf mit dickem Boden geben und vermischen. Wasser hinzufügen und unterrühren.

2. Bei niedriger Hitze zum Kochen bringen. Dabei wie bei einer Konditorcreme regelmäßig umrühren, bis die Masse dicklich wird (das dauert etwa 5–8 Min.).

3. Die Arbeitsfläche mit Speisestärke bestäuben und den Teig daraufgeben. Etwa eine Viertelstunde abkühlen lassen und anschließend in einem Rezept Ihrer Wahl weiterverarbeiten.

TEIGZUBEREITUNG IN DER MIKROWELLE:

A. Pfeilwurzelstärke und Zucker in einer mikrowellengeeigneten Schüssel vermischen. Nach und nach das Wasser hinzufügen und alles gut verrühren.

B. Die Schüssel mit Frischhaltefolie bedecken, damit kein Dampf entweichen kann. 1½ Min. bei 850 Watt in der Mikrowelle garen.

C. Die Frischhaltefolie abnehmen und die Masse grob mit einem Esslöffel oder Spatel durchrühren. Der Teig wird klebrig, daher sollte man nicht versuchen, ihn perfekt zu mischen. Nochmals mit Folie abdecken und 1½ Min. bei 850 Watt garen. Dann nach den Anweisungen in Schritt 3 fertigstellen.

ANKO SÜSSE ADZUKIBOHNENPASTE

Anko ist eine berühmte Paste aus Adzukibohnen, einer Art roter Bohnen mit sehr dünner Schale, die leicht süß-salzig schmecken. Anko wird für viele japanische Konfektsorten verwendet, für Mochi, aber auch für Doriyaki, kleine Crêpes, die mit einer dicken Schicht Anko gefüllt werden. Die Zubereitung ist ganz einfach: Man braucht nur einen Topf mit dickem Boden und einen guten Mixer. Zudem sollte man kleine Adzukibohnen verwenden, die zarter als die größeren sind. Wenn Sie sie nicht im Handel bekommen können, geht auch eine andere Sorte roter Bohnen. Dann müssen Sie sich aber nach dem Rezept für Shiroan* (Seite 32) richten, in dem erklärt wird, wie man die Schale entfernt.*

EINWEICHZEIT: 12 STD. | ZUBEREITUNG: 30 MIN.

GAREN: 1 STD. 20 MIN. | RUHEZEIT: 12 STD.

1

4

A

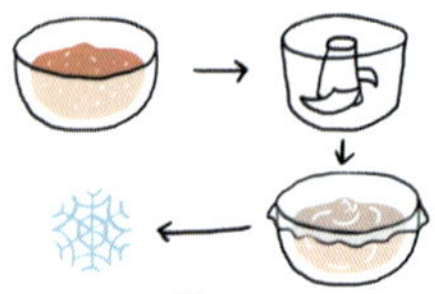
B

FÜR 1,2 KG ANKO

500 g getrocknete Adzukibohnen
350 g Zucker (das entspricht 70 % des Bohnengewichts)
½ TL Salz (2 g)

1. Die Bohnen 12 Std. in ausreichend Wasser einweichen (über Nacht).

2. Das Wasser abgießen und die Bohnen in einen Dampfkochtopf oder einen normalen Topf geben. Mit kaltem Wasser auffüllen und zum Kochen bringen. Dann das Wasser abgießen. Den Vorgang noch zweimal wiederholen.

3. Die Bohnen vollständig mit Wasser bedecken und 30 Min. im Dampfkochtopf oder 40–50 Min. in einem normalen Topf bei mittlerer Hitze kochen, bis die Bohnen weich sind.

4. Das Wasser über ein Sieb abgießen und die Bohnen 30 Min. darin ruhen lassen, bis das Wasser vollständig verdampft ist.

5. Die Adzukibohnen mit dem Zucker und Salz in einem Topf bei niedriger Hitze trocknen, dabei ständig rühren. Es dauert etwa 30 Min., bis eine ausreichend trockene Paste daraus entsteht. Sie ist fertig, wenn sie die Konsistenz festen Kartoffelpürees hat.

6. Die Paste im Mixer kurz pürieren, bis sie noch sämiger wird. Abkühlen lassen und anschließend mit Frischhaltefolie abdecken und kühlstellen oder einfrieren. Ab dem folgenden Tag kann das Anko weiter verarbeitet werden.

TEIGZUBEREITUNG IN DER MIKROWELLE:

A. Die Bohnen nach Schritt 4 in eine mikrowellengeeignete Schüssel geben und Zucker sowie Salz untermischen. Zu einem festen Teig verrühren.

B. Die Masse zweimal 3 Min. in der Mikrowelle bei 850 Watt trocknen lassen. Dabei zwischendurch jedes Mal umrühren. Die Paste ist fertig, wenn sie die Konsistenz von Kartoffelpüree hat. Dann nach den Anweisungen in Schritt 6 fertigstellen.

TIPP: Grundsätzlich ist die Schale der Adzukibohnen zart und stört nicht. Sollte Ihnen die Paste dennoch zu grob sein, können Sie sie noch zusätzlich durch ein feines Sieb passieren.

SHIROAN SÜSSE PASTE AUS WEISSEN BOHNEN

Diese Alternative zu Anko nennt man auch shiro-koshi-an. Dabei handelt es sich ebenfalls um eine süße Paste aus Bohnen, aber aus weißen. Damit füllt man Daifuku* oder stellt daraus Nerikiri* her, kleines Konfekt in zarten Formen und verschiedenen Farben.*

EINWEICHZEIT: 12 STD. | ZUBEREITUNG: 40 MIN.

GAREN: 1 STD. 45 MIN. | RUHEZEIT: 12 STD.

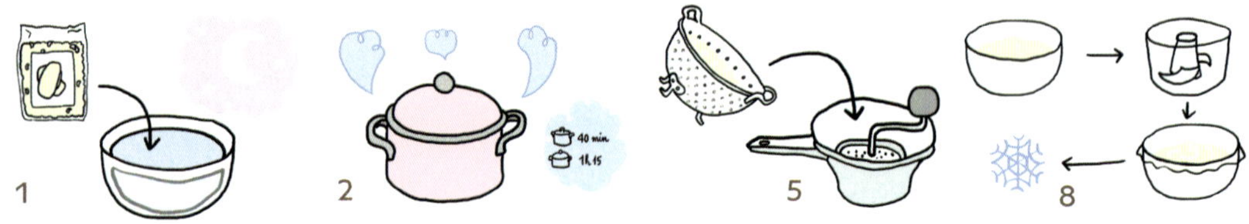

FÜR 800 G SHIROAN

500 g getrocknete, große weiße Bohnen
350 g Zucker

1. Die Bohnen 12 Std. in ausreichend Wasser einweichen (über Nacht).

2. Das Wasser abgießen und die Bohnen in einen Dampfkochkopf oder einen normalen Topf geben. Mit kaltem Wasser auffüllen und zum Kochen bringen. Dann das Wasser abgießen. Den Vorgang noch zweimal wiederholen.

3. Die Bohnen vollständig mit Wasser bedecken und 40 Min. im Dampfkochtopf oder 1 Std. 15 Min. in einem normalen Topf bei mittlerer Hitze kochen, bis sie weich sind und ihre Schalen rissig werden (wenn sie vorher schon rissig waren, umso besser!).

4. Das Wasser abgießen.

5. Die Bohnen in einem Passiergerät zerkleinern oder durch ein feines Sieb streichen, sodass die Schalen zurückbleiben. So erhält man ein grobes Püree.

6. Das Bohnenpüree abwiegen und 70% des Gewichts an Zucker hinzufügen, auf 500 g Bohnen zum Beispiel

350 g Zucker. Umrühren, dabei wird die Masse etwas flüssiger.

7. Die Masse in einen Topf geben und bei niedriger Hitze trocknen lassen, dabei beständig rühren. Das dauert ungefähr 30 Min. Die Paste ist fertig, wenn sie die Konsistenz von festem Kartoffelpüree hat.

8. Die Paste im Mixer kurz pürieren, bis sie noch sämiger wird. Abkühlen lassen und anschließend mit Frischhaltefolie abdecken und kühlstellen oder einfrieren. Ab dem folgenden Tag kann das Shiroan weiterverarbeitet werden.

TEIGZUBEREITUNG IN DER MIKROWELLE:

A. Die Masse nach Schritt 6 dreimal 3 Min. in der Mikrowelle bei 850 Watt trocknen lassen. Dabei zwischendurch jedes Mal umrühren. Die Paste ist fertig, wenn sie die Konsistenz von festem Kartoffelpüree hat. Dann nach den Anweisungen in Schritt 6 fertigstellen.

NERIKIRI-TEIG

Neriki ist köstliches Konfekt in den verschiedensten Formen und Farben. Dafür benötigt man eine Mischung aus shiroan (weiße Bohnenpaste, Seite 32) und gyūhi* (ein besonders weicher Mochi*-Teig). Durch ihn wird der Shiroan elastisch, sodass man ihn auf die verschiedensten Weisen verarbeiten kann. Wenn Ihnen die Zubereitung zu aufwendig ist oder Sie die Zutaten nicht haben, spricht nichts dagegen, stattdessen Marzipan (Seite 38) oder einfaches Mandelmus zu verwenden. Das schmeckt zwar etwas anders, ist aber genauso fein!*

ZUBEREITUNG: 15 MIN. | GAREN: 18–20 MIN. | RUHEZEIT: 12 STD.

FÜR 500 G TEIG

50 g Gyūhi:
25 g Shiratamako* (Klebreismehl), 50 g Zucker, 80 ml Wasser
500 g Shiroan (Seite 32)

1. Den Gyūhi-Teig herstellen. Dafür Shiratamako und Zucker in einen kleinen Topf mit dickem Boden geben und vermischen. Wasser hinzufügen und unterrühren.

2. Bei niedriger Hitze zum Kochen bringen. Dabei wie bei einer Konditorcreme regelmäßig umrühren, bis die Masse dicklich wird (das dauert etwa 8–10 Min.). Wenn der Teig fertig ist, sollte er cremeweiß, hell, dicklich und klebrig sein.

3. Den Teig abwiegen und 50 g davon zur Weiterverarbeitung bereitlegen.

4. Mit einem Spatel Shiroan und Gyūhi-Teig in einem Topf vermischen. Die Masse wird dadurch flüssiger. Zum Trocknen etwa 10 Min. auf niedriger Stufe erhitzen. Danach sollte sie die Konsistenz weicher Marzipanmasse haben.

5. Den Teig mit Frischhaltefolie abdecken oder in die Folie einwickeln, sobald er die richtige Konsistenz hat. Abkühlen lassen und in den Kühlschrank legen. Der Nerikiri-Teig kann am folgenden Tag weiterverarbeitet werden!

TEIGZUBEREITUNG IN DER MIKROWELLE:

A. In einer mikrowellengeeigneten Schüssel Shiratamako, Zucker und Wasser vermischen. Den Gyūhi-Teig sorgfältig mit Frischhaltefolie abdecken und 2 Min. bei 850 Watt in der Mikrowelle garen.

B. Die Folie abnehmen und den Teig zu einer glatten Masse verrühren. Nochmals abdecken und 2 Min. bei 850 Watt garen. Die Folie wieder abnehmen und den Teig verrühren. Er sollte hell und sehr klebrig sein.

C. Mit einem Spatel Shiroan und Gyūhi-Teig in einem mikrowellengeeigneten Gefäß vermischen. Die Masse wird dadurch flüssiger. Zum Trocknen zweimal 2 Min. bei 850 Watt in der Mikrowelle garen. Danach sollte sie die Konsistenz weicher Marzipanmasse haben. Andernfalls muss der Vorgang wiederholt werden. Dann wie in Schritt 5 weiter verfahren.

SÜSSE LINSENPASTE

Können Sie keine Adzukibohnen bekommen oder möchten Sie lieber einheimische Zutaten verwenden? Linsen sind eine gute Alternative, weil sie schnell zubereitet und gut erhältlich sind. Wählen Sie rote oder grüne Linsen, die haben eine schöne Farbe und lassen sich besser verarbeiten. Sie können sie als Basis für alle Sorten von Neriki verwenden.

ZUBEREITUNG: 30 MIN. | GAREN: 25 MIN. | RUHEZEIT: 12 STD.

FÜR 600 G TEIG

220 g getrocknete Linsen
150 g Zucker

1. Die Linsen in einen großen Topf geben und mit ausreichend kaltem Wasser bedecken. Zum Kochen bringen und das Wasser abgießen. Diesen Vorgang noch zweimal wiederholen und dann zugedeckt noch 10 Min. kochen lassen. (Wenn rote Linsen verwendet werden, ist das nicht nötig, weil sie bereits weich sind.) Dann sollten die Linsen weich sein. Manche sind vielleicht schon aufgeplatzt – das ist genau richtig!
2. Die Linsen gut abtropfen lassen und in ein Mixgefäß geben. Den Zucker hinzufügen und mehrere Minuten pürieren, bis ein cremiges Püree entsteht.
3. Wer möchte, kann das Linsenpüree in einem Passiergerät passieren. Das ist aber nur dann unbedingt notwendig, wenn man daraus Nerikiri* machen möchte, für die man einen sehr feinen Teig verwendet.
4. Das Püree in einen Topf geben und 15 Min. bei niedriger bis mittlerer Hitze trocknen, dabei regelmäßig umrühren. (Oder in der Mikrowelle 1½ Minuten bei 850 Watt garen. Dabei nicht mit Frischhaltefolie abdecken, damit das Wasser verdampfen kann.)
5. In eine Schüssel umfüllen und abkühlen lassen, anschließend in den Kühlschrank stellen. Die Paste kann am folgenden Tag weiterverarbeitet werden. Man kann sie aber für eine spätere Verwendung ebenso gut einfrieren!

TIPP: Als grüne Linsen sind Puy-Linsen mit ihrer dünnen Schale sehr empfehlenswert.

MARZIPAN

Wer ein Fan von Mandeln ist, kann Marzipan anstelle des traditionellen Nerikiri-Teigs verwenden. Sie können auch die gemahlenen Mandeln durch gemahlene Haselnüsse, Pistazien oder Walnüsse ersetzen und die Formen und Farben beliebig verändern. Das oberste Gebot lautet: Seien Sie kreativ!*

ZUBEREITUNG: 5 MIN.

1
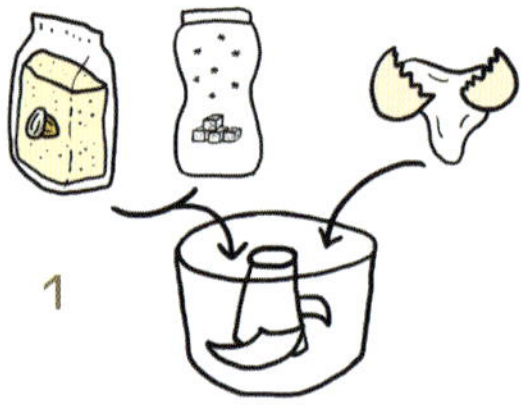

2
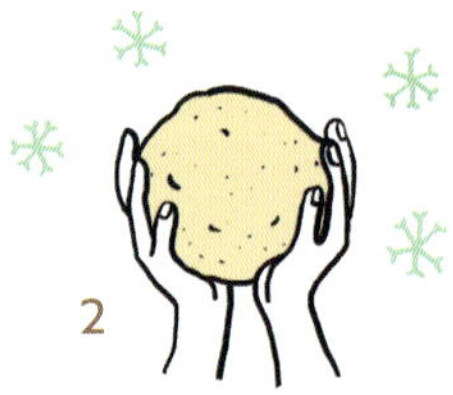

FÜR CA. 470 G MARZIPANMASSE

225 g gemahlene Mandeln
200 g Puderzucker
1 Eiweiß (Größe M)

VEGANE VERSION

225 g gemahlene Mandeln
200 g Puderzucker
30 ml Wasser

1. Die Mandeln 2–3 Min. mit dem Puderzucker verrühren. Das Eiweiß (oder Wasser) hinzufügen und nochmals verrühren.

2. Mit leicht angefeuchteten Händen zu einer Kugel formen – das ist alles! In Frischhaltefolie eingewickelt hält sich die Masse im Kühlschrank problemlos eine Woche.

EINGELEGTE KIRSCHBLÄTTER

Diese Blätter umhüllen traditionell die sakura mochi. Das ist Konfekt, mit dem die Kirschblüte gefeiert wird. In der Lake entfalten sie einen charakteristischen und unverwechselbaren, blumigen Duft. Wenn der Frühling da ist – gleich probieren!*

ZUBEREITUNG: 15 MIN. | EINWEICHZEIT: 2 TAGE

FÜR 20 BLÄTTER

20 junge Kirschblätter, schön zart, im Frühling gepflückt
ein paar Eiswürfel
Salz, 20 % des Gewichts der Blätter + 10 g für das Wasser
500 ml lauwarmes Wasser

1. Die Kirschblätter wiegen, um die Salzmenge zu bestimmen, und dann waschen. In einem Topf etwas Wasser zum Kochen bringen.

2. Eine Schüssel mit kaltem Wasser und Eiswürfeln füllen. Die Blätter in einer anderen Schüssel mit kochendem Wasser übergießen. Sofort wieder abgießen.

3. Die Blätter ins Eiswasser tauchen und abtropfen lassen.

4. Ein sauberes Küchentuch auf einen Teller legen und die Blätter zum Trocknen darauflegen. Der Länge nach an den Hauptadern nach innen falten.

5. Die Hälfte des Salzes in eine breite Schale geben, die gefalteten Kirschblätter darauflegen und mit dem übrigen Salz bestreuen. Das lauwarme Wasser salzen, darübergießen und mit Frischhaltefolie abdecken. Gefrierbeutel mit Wasser füllen, verschließen und zum Beschweren darauflegen.

6. Zwei Tage lang ziehen lassen. Dann sofort verwenden, vor allem für Sakura Mochi (Seite 70), oder in Frischhaltefolie wickeln und kühlstellen. Tiefgefroren halten sie sich sechs Monate.

EINFACHE DANGO UND MOCHI

Was auch immer sich in einer weichen Kugel, einem gerösteten Würfel oder einem Quadrat verbirgt, in Japan verzehrt man die Mochi* in einfachen Formen. Die Verfahren zum Aromatisieren sind ebenso einfach wie effektiv: Oft reicht es aus, sie in Gewürzen zu wälzen, in einen guten Sirup einzulegen oder zu einer kalten, süßen Suppe zu essen – das ist alles. Dies ist ein schönes Beispiel dafür, wie einfach gute Küche sein kann und dass der Überfluss an Aromen und Teigsorten mancher Konditoreien nicht unbedingt nötig ist. Besuchen Sie mit mir diese ***zen-iale*** kulinarische Welt.

GRUNDREZEPT FÜR **DANGO**

Das Dango ist ein Mochi in Kugelform und wird oft auf Spießen mit drei oder vier Stück serviert. Genau genommen heißen sie kushi dango. Dango herzustellen, ist wirklich ein Kinderspiel und sie lassen sich auf viele verschiedene Weisen weiterverarbeiten.*

ZUBEREITUNG: 10 MIN. | GAREN: 5–6 MIN.

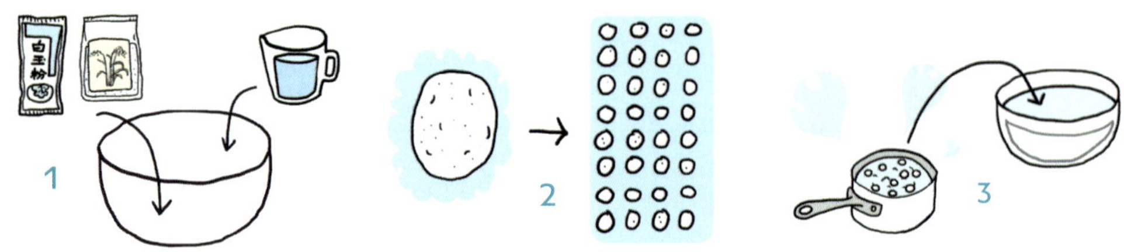

FÜR 32 KUGELN

110 g Shiratamako* (Klebreismehl)
70 g Joshinko* (klassisches Reismehl)
170 ml Wasser

1. Beide Mehlsorten in eine Schüssel geben. Dann nach und nach das Wasser zugießen, dabei gut verrühren. Der Teig, der dabei entsteht, lässt sich gut kneten und ist nicht zu feucht.

2. Aus dem Teig eine Kugel formen und auf eine trockene Arbeitsfläche legen. Zunächst halbieren, dann vierteln und achteln. Die Teile immer weiter halbieren, bis zweiunddreißig Stücke entstanden sind. Jedes Stück zwischen den Handflächen zu einer kleinen Kugel formen.

3. In einem großen Topf Wasser zum Kochen bringen. Die Kugeln nacheinander hineingeben, immer zehn auf einmal.

4. Wenn sie an die Oberfläche kommen (nach 2–3 Min.), noch weitere 3 Min. im Wasser lassen. Dann mit einem Schaumlöffel herausnehmen, kurz in kaltes Wasser tauchen und abtropfen lassen. Nun die Dango auf Spieße stecken, rösten oder in leckere Fruchtsauce tauchen.

GUT ZU WISSEN: Der Versuchung, dem Teig Zucker hinzuzufügen, sollte man unbedingt widerstehen! Ansonsten wird er zu flüssig und kann nicht zu Dango verarbeitet werden.

MITARASHI DANGO

Die mitarashi dango sind Klassiker der süßen japanischen Küche. Diese kleinen Kugeln aus Klebreis werden auf Spieße gesteckt und mit einem köstlichen, süß-salzigen Sirup beträufelt. Das wird all jene begeistern, die Desserts mit salziger Note lieben.

ZUBEREITUNG: 20 MIN. | GAREN: 15 MIN.

FÜR 32 KUGELN

110 g Shiratamako* (Klebreismehl)
70 g Joshinko* (klassisches Reismehl)
170 ml Wasser

MITARASHI-SAUCE

100 ml Wasser
100 g Puderzucker
3 EL (45 ml) Sojasauce
1 EL Mirin* (oder ein Dessertwein)
½ EL (10 g) Speisestärke

1. Dango nach dem Grundrezept (Seite 44) herstellen.
2. Drei oder vier Dango auf einen Spieß stecken und in einer Pfanne bei starker Hitze 5 Min. von jeder Seite rösten.
3. Für die Mitarashi-Sauce alle Zutaten in einem kleinen Topf verrühren und bei mittlerer Hitze zum Kochen bringen. Dann die Hitze reduzieren und einige Minuten karamellartig einkochen lassen. Den Topf vom Herd nehmen.
4. Die Sauce über die Spieße gießen. Bei Zimmertemperatur verzehren!

TIPP: Man kann die Mitarashi-Sauce auch durch eine Frucht- oder Schokoladensauce oder durch salzige Karamellsauce (siehe folgendes Rezept) ersetzen.

DANGO MIT **SALZIGER KARAMELLSAUCE**

Wer je den Geschmack von Mochi mit salzigem Karamell probiert hat, dem erscheint die zunächst unwahrscheinliche Kombination danach unumgänglich. Eine Sauce aus salzigem Karamell ist das perfekte Pendant zur Mitarashi-Sauce auf Basis von Sojasauce (Seite 46). Lassen Sie skeptische Feinschmecker mit verbundenen Augen davon kosten – aber sehen Sie zu, dass Sie dann auch noch genug Karamellsauce vorrätig haben!*

ZUBEREITUNG: 30 MIN. | GAREN: 20 MIN.

FÜR CA. 32 KUGELN (8 SPIESSE)

110 g Shiratamako* (Klebreismehl)
70 g Joshinko* (klassisches Reismehl)
170 ml Wasser
100 g Puderzucker
50 g Butter oder Margarine
150 ml Sahne/Rahm oder Sojacreme
2 kräftige Prisen Salz

1. Dango nach dem Grundrezept (Seite 44) herstellen.

2. Für den Karamell den Puderzucker in einen Topf geben und bei mittlerer Hitze auflösen. Nicht umrühren. Inzwischen die Butter (oder Margarine) in kleine Würfel schneiden und die Sahne in einem Topf erwärmen.

3. Wenn der Karamell eine bräunliche Farbe annimmt, den Topf vom Herd nehmen und die Sahne behutsam dazugießen (vorsichtig, das kann spritzen). Butterwürfel und Salz hinzufügen und alles mit dem Schneebesen verrühren.

4. Den Topf wieder auf den Herd stellen und die Butterstücke bei niedriger Hitze schmelzen, dabei kräftig rühren. Den Karamell in eine kleine Schüssel gießen.

5. Während der Karamell abkühlt, drei oder vier Dango aufspießen und in einer Pfanne bei starker Hitze 5 Min. von jeder Seite rösten.

6. Mit der noch lauwarmen Sauce servieren und genießen!

KALTE PFIRSICHSUPPE MIT DANGO UND **SALBEI**

Dango werden traditionsgemäß oft in einer kalten Suppe auf Basis von gesüßten Adzukibohnen serviert. Aber sie passen auch wunderbar zu sommerlichen Kaltschalen. Diese kalte Suppe auf Pfirsichbasis ist mein Favorit, aber man kann anstelle von Pfirsichen auch Aprikosen, Birnen oder jedes andere Obst der Saison verwenden. Wenn Sie keinen Salbei bekommen können, dann eignet sich auch Minze sehr gut.

ZUBEREITUNG: 15 MIN. | GAREN: 5 MIN.

FÜR 4 PORTIONEN

55 g Shiratamako* (Klebreismehl)
35 g Joshinko* (klassisches Reismehl)
85 ml Wasser
frische Salbeiblätter (oder Minzblätter), gehackt
4 reife Pfirsiche
1½ EL Puderzucker (30 g)
½ Zitrone, ausgepresster Saft

1. Dango nach dem Grundrezept (Seite 44) herstellen. Dabei noch ein paar gehackte Salbeiblätter (oder Minzblätter) hinzufügen. Den Teig nicht in zweiunddreißig, sondern in sechzehn Stücke unterteilen.

2. Für die Pfirsichsuppe die Pfirsiche schälen, entsteinen und mit dem Puderzucker und Zitronensaft pürieren. Eventuell noch etwas Wasser hinzufügen, damit die Suppe sämiger wird, sie darf jedoch nicht zu flüssig werden.

3. In Suppenteller füllen und pro Portion vier Mochi-Kugeln hineinlegen. Sofort verzehren oder kühlstellen. Vor dem Servieren mit gehackten Salbei- oder Minzblättern bestreuen.

DANGO MIT **HERBSTLICHEM OBSTSALAT**

In Japan findet man auf Speisekarten oft Obstsalat mit Dango, die mit ihrer weichen Konsistenz wunderbar zu den festeren Früchten passen. Hier finden Sie eine herbstliche Variante, die man je nach Saison und Region auch abändern kann!

ZUBEREITUNG: 15 MIN. | GAREN: 5 + 5 MIN.

FÜR 4 PORTIONEN

55 g Shiratamako* (Klebreismehl)
35 g Joshinko* (klassisches Reismehl)
85 ml Wasser
1 Apfel
2 Kiwis
1 Orange
1 Handvoll Weintrauben

SIRUP

200 ml Wasser
75 g Honig
1 Zitrone, ausgepresster Saft
1 unbehandelte Bio-Orange, Schalenabrieb

1. Für den Sirup alle Zutaten in einen Topf geben und zum Kochen bringen. 5 Min. kochen lassen, anschließend vom Herd nehmen und abkühlen lassen.

2. Dango nach Grundrezept (Seite 44) herstellen, dabei aber den Teig nicht in zweiunddreißig, sondern in sechzehn Stücke teilen.

3. Die Früchte schälen. Das Kerngehäuse des Apfels entfernen und die Orange dick abschälen, damit außen keine weiße Haut mehr übrig bleibt. Nun mit einem scharfen Messer die Orangenfilets herauslösen. Die Früchte in Stücke schneiden. Mit den Dango auf einem Teller anrichten und mit dem Sirup übergießen. Bis zum Servieren kühlstellen!

SOMMERLICHE DANGO MIT **BEEREN**

Diese scheinbar klassischen Dango sind mit einem kleinen fruchtigen Schatz gefüllt. Schlagen Sie Ihren Gästen vor, die kleinen Kugeln wie bei einem Fondue (in sommerlicher Variante) in Fruchtsauce zu tauchen … Wer seinen Dango verliert, muss ein vorher vereinbartes Pfand einlösen!

ZUBEREITUNG: 30 MIN. | GAREN: 5–6 MIN.

FÜR 32 DANGO

110 g Shiratamako* (Klebreismehl)
70 g Joshinko* (klassisches Reismehl)
170 ml Wasser
350 g Beeren (Himbeeren, Johannisbeeren, Brombeeren, Heidelbeeren usw.)
60 g Puderzucker
schöne Beeren zum Garnieren
rote Fruchtsauce

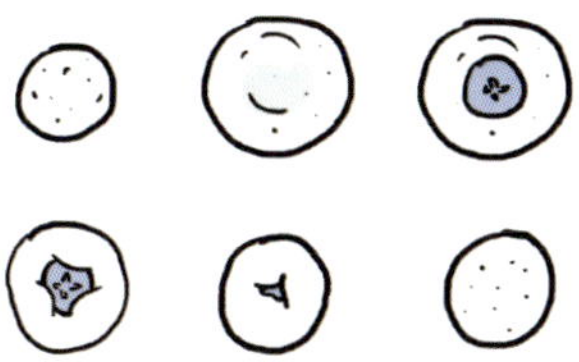

4

1. Beide Mehlsorten in eine Schüssel geben. Dann nach und nach das Wasser zugießen und dabei gut rühren. Aus dem Teig eine Kugel formen und diese in zweiunddreißig Stücke teilen.
2. Die Beeren waschen und ein paar Minuten zwischen zwei Küchentüchern trocknen lassen. Sie sollten aber noch leicht feucht sein, damit später der Zucker besser an ihnen haftet.
3. Die Beeren im Zucker wälzen.
4. Ein Teigstück zwischen den Handflächen zu einer Kugel formen. Eine Beere hineinstecken und den Teig wieder verschließen. Mit den übrigen Beeren und Teigstücken wiederholen.
5. In einem großen Topf Wasser zum Kochen bringen. Die Kugeln nacheinander hineingeben, immer zehn auf einmal.
6. Wenn sie an die Oberfläche kommen (nach 2–3 Min.), sollten sie noch weitere 3 Min. im Wasser bleiben. Anschließend mit einem Schaumlöffel herausnehmen und kurz in ein Gefäß mit kaltem Wasser tauchen. Abtropfen lassen.
7. Mit Beeren nach Geschmack garnieren und einer roten Fruchtsauce sowie kleinen Spießen zum Eintauchen servieren.

GYŪHI MIT **EARL-GREY-TEE**

Gyūhi sind besonders weiche Mochi, deren Teig vor allem in der Zubereitungsweise dem Nerikiri*-Teig ähnelt. Man kann sie mit oder ohne Füllung genießen und sich auf der Zunge zergehen lassen. Es ist ganz an Ihnen, ob Sie mit Aromen arbeiten möchten. Für dieses Rezept nehme ich gerne auch das feine Pulver, das auf dem Boden meiner Earl-Grey-Dose zurückbleibt, wenn der Tee fast aufgebraucht ist. Es sorgt für einen köstlichen Geschmack, very british.*

ZUBEREITUNG: 15 MIN. | GAREN: 8–10 MIN.

FÜR 200 G TEIG

50 g Shiratamako* (Klebreismehl) + 20 g zum Bestäuben der Gyūhi
100 g Zucker
170 ml Wasser
¼ TL Earl-Grey-Blätter, gemahlen (oder das restliche Pulver aus der Teedose)

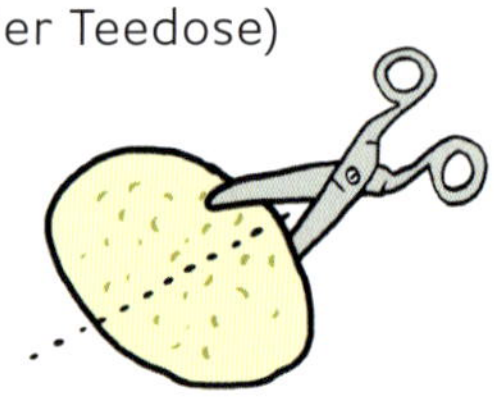

5

1. Shiratamako und Zucker in einen kleinen Topf mit dickem Boden geben und vermischen. Wasser hinzufügen und unterrühren.
2. Bei niedriger Hitze zum Kochen bringen. Dabei wie bei einer Konditorcreme regelmäßig umrühren, bis die Masse dicklich wird (das dauert etwa 8–10 Min.). Wenn der Teig fertig ist, sollte er cremeweiß, hell, dicklich und klebrig sein.
3. Die gemahlenen Teeblätter unterrühren.
4. Einen Teller dick mit Shiratamako bestreuen und den Gyūhi-Teig darauf ausbreiten. Mit Shiratamako bestäuben und etwa 30 Minuten abkühlen lassen.
5. Den Teig mit einer Schere in kleine Stücke schneiden und diese in Shiratamako wälzen, damit sie nicht aneinander kleben. Mit einer Tasse guten Earl Grey genießen, of course!

TEIGZUBEREITUNG IN DER MIKROWELLE:

A. Shiratamako, Zucker und Wasser in einer mikrowellengeeigneten Schüssel vermischen. Mit Frischhaltefolie bedecken und 2 Min. bei 850 Watt garen.

B. Die Folie abnehmen und den Gyūhi-Teig glattrühren. Nochmals abdecken und weitere 2 Min. bei 850 Watt garen. Wieder die Folie abnehmen und gut umrühren. Der Teig sollte hell und sehr klebrig sein. Dann mit den Schritten 3–5 weiter verfahren.

TIPP: Sie können den Earl Grey in einer Kaffeemühle mahlen oder im Mörser zerreiben.

SCHOKOLADEN-MOCHI

Diese Mochi sind für alle Schokoladenliebhaber gedacht. Die Kugeln mit zartem Kern unter dunkler Schokoladenhülle (oder je nach Geschmack auch unter einer hellen), können nach Belieben mit einer Prise Gomasio verfeinert werden. Gomasio ist ein typisch japanisches Gewürz aus gerösteten Sesamsamen und Salz. Man bestreut damit salzige Gerichte wie Salate, aber es passt auch hervorragend zu Schokolade.

ZUBEREITUNG: 15 MIN. | GAREN: 3 MIN.

FÜR 16 SCHOKOLADENKUGELN

MOCHI-TEIG
50 g Shiratamako*
46 g Puderzucker
100 ml Wasser

Speisestärke
100 g dunkle Schokolade
1½ TL Gomasio (4 g)

3

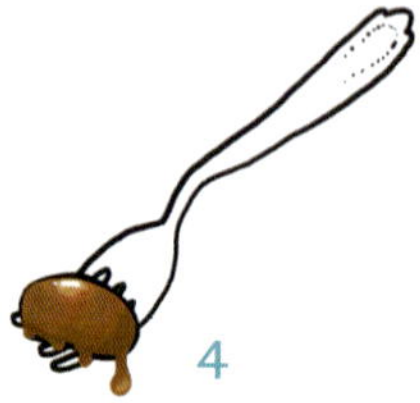

4

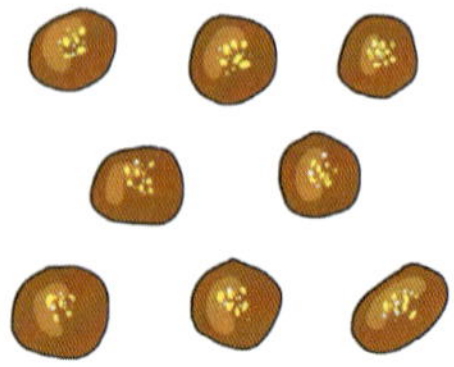

5

1. Mochi-Teig nach dem Grundrezept auf Seite 24 herstellen.

2. Die Arbeitsfläche mit Speisestärke bestäuben und den fertigen Teig darauf ausbreiten. Mit einer Schere halbieren, anschließend vierteln und solange fortfahren, bis sechzehn gleichgroße Stücke entstanden sind. Diese mit Speisestärke bestäuben und zwischen den Handflächen zu Kugeln formen. Auf einen sauberen, trockenen Teller legen.

3. Die Schokolade hacken und über dem heißen Wasserbad schmelzen. Anschließend mit einem Spatel umrühren.

4. Die Mochi nach und nach in die geschmolzene Schokolade tauchen und auf einem Stück Backpapier trocknen lassen.

5. Mit Gomasio bestreuen. Die Kugeln halten sich in einer Blechdose bei Zimmertemperatur ein bis zwei Tage. Jeweils eine Lage Backpapier zwischen die Schichten legen.

VARIANTE: Sie können auch zwei Tropfen ätherisches Süßorangenöl oder Minzöl zum Mochi-Teig geben, bevor er gekocht wird, oder die Mochi mit gehackten Haselnüssen, Walnüssen, Rosinen oder kandierten Orangen bestreuen, solange die Schokolade noch feucht ist.

WARABI MOCHI

Warabi mochi gehören zu meinem japanischen Lieblingskonfekt. Ihren einzigartigen Geschmack erhalten sie von Kinako, einem Sojabohnenmehl, das vorsichtig angeröstet wird. Es ist jedoch nicht ganz leicht, die Zutaten für Warabi Mochi wie Kinako und auch Warabimochiko, das ist Süßkartoffelstärke mit Farn, zu bekommen. Am besten versuchen Sie es bei den Bezugsadressen, die hinten im Buch angeführt sind, wenn Sie die Zutaten bei Ihrem Asiahändler vor Ort nicht finden können.

ZUBEREITUNG: 15 MIN. | GAREN: 5–8 MIN.

FÜR 25 KLEINE PRALINEN

220 ml Wasser
60 g Warabimochiko (Süßkartoffelstärke mit Farn, alternativ: einfache Süßkartoffelstärke)
60 g Zucker
25 g Kinako (leicht geröstetes Sojabohnenmehl)

1. Das Wasser in einen Topf gießen und zum Kochen bringen.
2. Warabimochiko und Zucker mischen, ins kochende Wasser zügig einrühren.
3. Den Teig bei geringer Hitze etwa 5–8 Min. dicklich einkochen, bis er hell wird. Anschließend in eine flache, quadratische Form füllen.
4. Bei Zimmertemperatur abkühlen lassen, aus der Form lösen, in Würfel schneiden und in Kinako wälzen. Innerhalb von zwei Tagen verzehren.

TEIGZUBEREITUNG IN DER MIKROWELLE:

A. Teig nach Schritt 2 in eine flache, quadratische und mikrowellengeeignete Form füllen. 1 Min. bei 600 Watt in der Mikrowelle garen, mit einem Metalllöffel umrühren. Noch ein zweites Mal bei 600 Watt 1 Min. garen. Dann nach den Anweisungen in Schritt 4 fertigstellen.

ROSEN-MOCHI

Diese Mochi ähneln türkischem Lokum, sind aber weniger süß und leichter herzustellen. Man genießt sie wahlweise mit einem guten Minztee oder einem grünen Sencha.

ZUBEREITUNG: 15 MIN. | GAREN: 4 MIN. 30 SEK.

FÜR 18 WÜRFEL

100 g Shiratamako* (Klebreismehl)
90 g Zucker
160 ml Wasser
2½ EL Rosenwasser (40 ml)
rote Lebensmittelfarbe
Speisestärke

1. Shiratamako und Zucker in einem Topf mischen, nach und nach zunächst das Wasser, dann das Rosenwasser unterrühren. Ein paar Tropfen roter Lebensmittelfarbe hinzufügen, bis der Teig eine hübsche rosa Farbe hat.

2. Bei niedriger Hitze zum Kochen bringen. Dabei wie bei einer Konditorcreme regelmäßig umrühren, bis die Masse dicklich wird (das dauert etwa 8–10 Min.). Wenn der Teig fertig ist, sollte er dicklich und klebrig sein.

3. Die Arbeitsfläche mit Speisestärke bestäuben. Den warmen Teig darauflegen und ebenfalls mit Speisestärke bestäuben. Die Stärke mit den Händen gleichmäßig darauf verteilen.

Den Teig in eine rechteckige Form mit geraden Wänden füllen. Abkühlen lassen und mindestens 2 Std. oder über Nacht kühlstellen. Dabei nicht abdecken.

4. Den Teig aus der Form lösen und mit einer Schere in Würfel schneiden. Dabei die Würfel von allen Seiten mit Speisestärke bestäuben. Bei Zimmertemperatur in einer verschlossenen Dose aufbewahrt halten sie sich ein paar Tage. Backpapier zwischen die Schichten legen.

TEIGZUBEREITUNG IN DER MIKROWELLE:

A. Teig nach Schritt 1 in eine mikrowellengeeignete Schale füllen, mit Frischhaltefolie bedecken und 1½ Min. bei 800 Watt in der Mikrowelle garen. Die Folie abnehmen und den Teig mit einem Metalllöffel umrühren. Wieder abdecken und nochmals 1½ Min. bei 800 Watt garen. Den Vorgang ein weiteres Mal wiederholen. Dann mit den Schritten 4 und 5 fortfahren.

DAIFUKU

Die pastellfarbenen Daifuku, eine besonders weiche und zartschmelzende Version der französischen Macarons, sind wahrscheinlich die berühmtesten Mochi.* Traditionell werden Kirschblüten mit Anko* oder Matcha mit Anko kombiniert, aber die Variationsmöglichkeiten und Auswahl an Aromen sind unbegrenzt. Hier gibt es einige Vorschläge, damit Sie dann Ihr eigenes Rezept ganz nach Ihren persönlichen Vorlieben zusammenstellen können.

GRUNDREZEPT FÜR DAIFUKU

Ein Daifuku Mochi ist viel leichter herzustellen als ein Macaron. Man muss nur ein paar Handgriffe beherrschen, fertig!

ZUBEREITUNG: 20 MIN. | GAREN: 8–10 MIN.

FÜR 8 DAIFUKU

Mochi-Teig (Grundrezept, Seite 24)
Speisestärke

1. Den Mochi-Teig nach dem Grundrezept herstellen.

2. Die Arbeitsfläche oder ein großes Brett (das ist hinterher leichter zu reinigen) mit Speisestärke bestäuben. Eine Schale mit Speisestärke bereitstellen, um während des Arbeitens immer wieder die Finger hineinzutauchen, damit der Teig nicht zu sehr an ihnen klebt.

3. Den heißen Mochi-Teig mit Speisestärke bestäuben. Etwa 10 Min. abkühlen lassen. (Die Puristen bearbeiten ihn gleich, aber ich warte immer, um mich nicht zu verbrennen, und das klappt auch sehr gut!)

4. Den Teig mit einer Schere zunächst halbieren und dann jedes Stück weiter teilen, bis acht Stücke entstanden sind.

5. Die Hände mit Speisestärke bestäuben und ein Teigstück zwischen den Handflächen flachdrücken und mit dem Finger glatt streichen.

6. Die gewählte Füllung in die Mitte des Teigstücks legen und das Daifuku verschließen. Dafür die Ränder nach oben biegen und mit den Fingerspitzen zusammendrücken. Wenn dabei der Teig an einer Stelle aufbricht, einfach mit bestäubten Fingerspitzen noch einmal zusammendrücken.

7. Das Daifuku mit der Nahtstelle vorsichtig auf die mit Speisestärke bestäubte Arbeitsfläche drücken und dann zwischen den Händen hin- und herrollen. Auf einen sauberen, trockenen Teller legen und die anderen Stücke ebenso füllen.

AUFBEWAHRUNG: Wie lange sich Daifuku halten, hängt ganz von ihrer Füllung ab. Aber nach 24 Std. beginnt die Reishülle auszutrocknen und schmeckt nicht mehr so gut. Daifuku können auch eingefroren werden, wenn sie nicht mit frischem Obst gefüllt sind, denn das zieht während des Gefrierens Wasser. Lassen Sie das Konfekt vor dem Verzehr dann 12 Std. langsam im Kühlschrank auftauen.

DAIFUKU MIT **ANKO**

Diese mit dunkelroter Paste gefüllten Daifuku sind ein klassisches japanisches Konfekt. Durch die weiche Textur der bestäubten Reisteigkugeln und der schmelzenden Süße der Adzukibohnenpaste ist es sehr zart und fein mit leicht salziger Note. Ein kleiner Ausflug in neue Geschmackswelten!

ZUBEREITUNG: 20 MIN. | GAREN: 8–10 MIN.

FÜR 8 DAIFUKU

160 g Anko* (Grundrezept, Seite 30)
Mochi-Teig (Grundrezept, Seite 24)
Speisestärke

1. Anko in acht Portionen von je 20 g aufteilen und aus jeder mit leicht angefeuchteten Händen eine kleine Kugel formen. 30 Min. ins Gefrierfach legen, damit die Kugeln fest werden.

2. Inzwischen den Mochi-Teig nach dem Grundrezept herstellen.

3. Die Arbeitsfläche großzügig mit Speisestärke bestäuben und den Mochi-Teig darauflegen. 10 Min. ruhen lassen.

4. Den Teig in acht gleich große Stücke aufteilen. Jedes Stück flachdrücken und eine Ankokugel darauflegen. Die Daifuku wie auf Seite 66 erklärt verschließen.

SAKURA MOCHI

In mehrfacher Hinsicht ist das sakura mochi mit seinem zugleich schlichten wie betörenden Aroma die Krönung japanischer Patisserie. Es ist nicht leicht, eingelegte Kirschblätter im Handel zu finden – am ehesten im Internet (siehe die im Anhang genannten Websites). Aber man kann sie sehr gut selbst zubereiten – im Grundrezept auf Seite 40 wird erklärt, wie das geht.

ZUBEREITUNG: 30 MIN. | GAREN: 20 MIN.

1

2

6
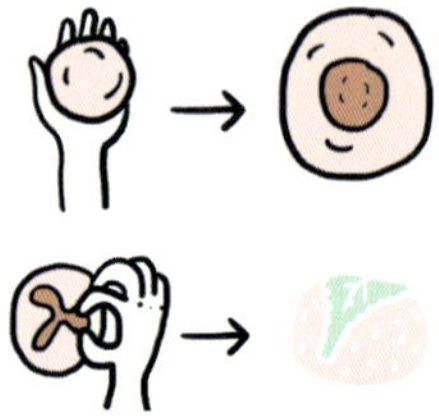

6

FÜR 8 SAKURA MOCHI

8 Kirschblätter (sakura no ha no shiosaké), gekauft oder nach Grundrezept auf S. 40 zubereitet
rote Lebensmittelfarbe
125 ml lauwarmes Wasser (etwa 25 °C)
100 g Reismehl, Typ domyo-jiko* (alternativ: shiratamako*)
20 g Zucker
120 g Anko* (Grundrezept, Seite 30)

SIRUP

100 ml Wasser
15 g Zucker

1. Am Vorabend die Kirschblätter in Wasser einweichen. Vor der Verarbeitung aus dem Wasser nehmen und mit einem Küchentuch trocken tupfen. Den Stiel abzupfen.

2. Lebensmittelfarbe im lauwarmen Wasser auflösen, bis es sich hellrosa färbt. Das Reismehl hinzufügen, gut vermischen und den Teig mit Frischhaltefolie abdecken. 20 Min. ruhen lassen.

3. Ein Backpapier oder Geschirrhandtuch in den Topfeinsatz eines Dampfkochtopfs legen und die Reismehlzubereitung daraufgeben. Mit Backpapier bedecken, damit kein Wasser darauf tropft. Wenig Wasser in den Topf gießen, den Einsatz hineinstellen und 20 Min. im Dampf garen. Den Teig in eine Schale umfüllen, Zucker hinzufügen, verrühren und dann acht Kugeln daraus formen. Kühlstellen.

4. Für den Sirup Zucker und Wasser in einem

Topf verrühren. Etwa 2 Min. kochen lassen und zur Seite stellen.

5. Für die Sakura Mochi die Handflächen mit Sirup befeuchten. In die Mitte eine handflächengroße Teigscheibe legen und eine Kugel Anko daraufsetzen. Die Teigränder zusammendrücken und die Nahtstellen mit den Fingerspitzen glätten. Dann mit einem Kirschblatt umwickeln. Mit den anderen Teigstücken ebenso verfahren. Gekühlt halten sich Daifuku zwei bis drei Tage, da sie mit Sirup umhüllt sind.

TEIGZUBEREITUNG IN DER MIKROWELLE:

A. Teig nach Schritt 2 in der Mikrowelle zweimal hintereinander bei 850 Watt 1½ Min. garen, dabei mit Frischhaltefolie bedecken. Zwischendurch umrühren. Zucker hinzufügen und noch einmal bei 850 Watt 1½ Min. garen. Dann den Teig in acht Stücke teilen, zu Kugeln formen und kühlstellen. Mit den Schritten 4 und 5 fertigstellen.

ALTERNATIVE: Wenn Sie kein Domyo-jiko erhalten können, können Sie auch Klebreismehl (Shiratamako*) verwenden. Überspringen Sie dann die Schritte 1 und 2 und folgen Sie den Anweisungen für das Grundrezept von Mochi auf Seite 24. Ersetzen Sie dabei am Ende die Speisestärke durch den Sirup.

ROSEN-DAIFUKU

Diese Daifuku sind eine Gaumenfreude für jeden, der raffiniertes, zartes Konfekt liebt. Dabei ist es sehr leicht herzustellen und man braucht nur wenige Zutaten. Man bereitet sie ähnlich zu wie Cakepops: einfach mit rosafarbenen Biskuits, etwas Sahne und Rosenwasser. Das gibt ein hübsches, bestäubtes rosa Konfekt für die Prinzessin, die in uns schlummert!

ZUBEREITUNG: 30 MIN. | GAREN: 8–10 MIN.

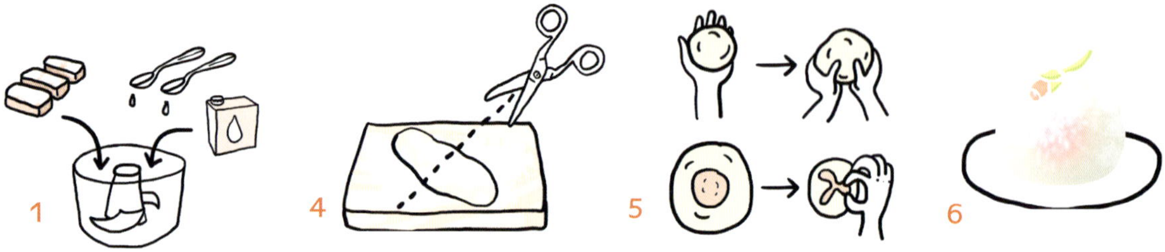

FÜR 8 DAIFUKU

- 100 g rosafarbene Biskuits (Biscuits roses de Reims, im Feinkostladen oder bei Versendern für französische Lebensmittel)
- 2 TL Rosenwasser (10 ml)
- 30 ml Sojacreme oder Sahne/Rahm
- Mochi-Teig (Grundrezept, Seite 24)
- Speisestärke
- essbare, getrocknete Rosenknospen für die Dekoration (nach Belieben)

1. Rosafarbene Biskuits im Mixer sehr fein zerkleinern. Rosenwasser und Sojacreme untermixen.

2. Masse zu einer großen Kugel formen. Ist sie noch nicht fest genug, noch ein oder zwei Biskuits fein zerbröseln und untermischen. In acht gleich große Stücke teilen und daraus zwischen den Handflächen kleine Kugeln formen. Auf einen Teller legen und für 30 Min. ins Gefrierfach stellen.

3. Den Mochi-Teig nach den Anweisungen im Grundrezept herstellen.

4. Die Arbeitsfläche großzügig mit Speisestärke bestäuben und den fertigen Teig etwa 10 Min. darauf abkühlen lassen. Mit einer Schere in acht gleich große Stücke aufteilen.

5. Die rosafarbenen Kugeln aus dem Gefrierschrank nehmen und wie auf Seite 66 beschrieben acht Daifuku herstellen.

6. Mit getrockneten Rosenknospen dekorieren.
Dieses Mochi wird noch cremiger, wenn man es vor dem Verzehr eine Stunde bei Zimmertemperatur ruhen lässt. Kühl aufbewahren und innerhalb von zwölf Stunden verzehren.

VARIANTE: Cremefarbene Mochi sind auch sehr gut! Ersetzen Sie dafür die rosafarbenen Biskuits durch klassische Löffelbiskuits.

DAIFUKU-POPS
SCHWARZWÄLDER ART

Ein Daifuku für Feinschmecker, gefüllt wie ein Cakepop, ähnlich der bekannten Cremetorte und in den Farben dieses Klassikers aus dem Schwarzwald: ein ganz besonderes Daifuku, das schnell zubereitet ist!

ZUBEREITUNG: 30 MIN. | GAREN: 8–10 MIN.

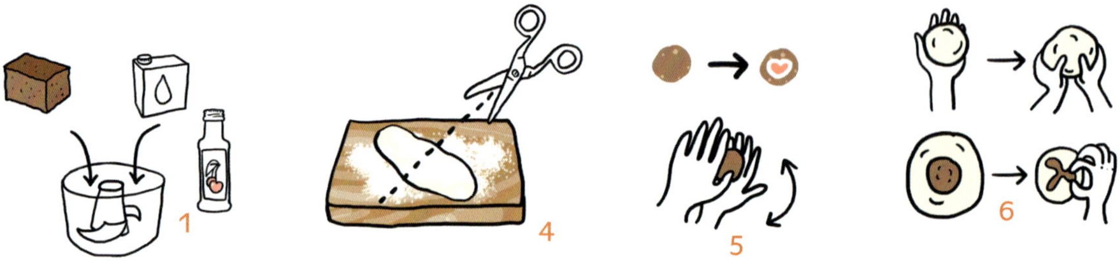

FÜR 6 DAIFUKU

150 g dunkler Biskuit oder weicher Schokoladenkuchen, in Stücke zerkleinert
20 ml Sahne/Rahm
15 ml Kirschwasser
Mochi-Teig (Grundrezept, Seite 24)
Speisestärke
6 kandierte Kirschen
dunkle Schokolade oder Kuvertüre, Späne mit einem Sparschäler abgehobelt

1. Biskuit oder Schokoladenkuchen in einem Mixer oder einer Küchenmaschine zerkleinern. Sahne und Kirschwasser hinzufügen. Weiterrühren, bis eine cremige Masse entsteht.

2. Mit einem Löffel sechs walnussgroße Portionen auf einen Teller geben und für 30 Min. ins Gefrierfach stellen.

3. Inzwischen den Mochi-Teig nach den Anweisungen im Grundrezept herstellen.

4. Arbeitsfläche großzügig mit Speisestärke bestäuben. Fertigen Teig etwa 10 Min. darauf abkühlen lassen. Mit einer Schere in acht gleich große Stücke aufteilen.

5. Biskuitportionen aus dem Gefrierfach nehmen. In die Mitte jedes Stückchens eine kandierte Kirsche drücken und es dann zwischen den angefeuchteten Handflächen zu einer Kugel rollen.

6. Ein Stück Mochi-Teig in der Handfläche flachdrücken und zu einer Scheibe formen. Eine Schokoladenkugel in die Mitte legen und das Daifuku wie auf Seite 66 verschließen. Mit den anderen Teigstücken ebenso verfahren.

7. Die Daifuku mit Schokospänen bestreuen.

MOKKA-DAIFUKU

Diese aromatischen Daifuku sind etwas für alle Kaffeeliebhaber. Sowohl ein starker Espresso als auch ein normaler Kaffee passen hervorragend zu dieser Köstlichkeit! Sie können die Mokka-Daifuku aber auch als Dessert reichen.

ZUBEREITUNG: 30 MIN. | KÜHLZEIT: 2 STD. | GAREN: 8–10 MIN.

1

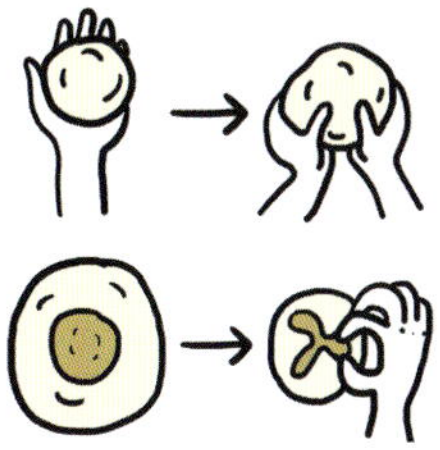
5

6

FÜR 8 DAIFUKU

100 g Löffelbiskuits
15 ml Espresso
30 g Mascarpone
Mochi-Teig (Grundrezept, Seite 24)
Speisestärke
Kaffeebohnen zur Dekoration (nach Geschmack)

1. Löffelbiskuits in einem Mixer sehr fein zerkleinern. Espresso und Mascarpone hinzufügen und noch einmal mixen. Masse mindestens 2 Std. kühlstellen, bis sie fest wird.
2. Masse zu einer großen Kugel formen. Ist sie noch nicht fest genug, noch ein oder zwei weitere Löffelbiskuits fein zerbröseln und untermischen. In acht gleich große Stücke teilen. Jedes zwischen den Handflächen zu einer kleinen Kugel formen. Auf einen Teller legen und für 30 Min. ins Gefrierfach stellen.
3. Inzwischen den Mochi-Teig nach Grundrezept herstellen.
4. Arbeitsfläche großzügig mit Speisestärke bestäuben. Fertigen Teig etwa 10 Min. darauf abkühlen lassen. Mit einer Schere in acht gleich große Stücke aufteilen.
5. Kaffeekugeln aus dem Gefrierfach nehmen und wie auf Seite 66 beschrieben acht Daifuku herstellen.
6. Mit Kaffeebohnen dekorieren. Kühl aufbewahren und innerhalb von zwölf Stunden verzehren. Die Daifuku werden noch cremiger, wenn sie vor dem Verzehr eine Stunde bei Zimmertemperatur ruhen.

DAS KLEINE EXTRA: Bestäuben Sie die Daifuku mit Kakaopulver und Sie erhalten herrliche Tiramisu-Daifuku!

DAIFUKU MIT **MANDELN** UND **NÜSSEN**

Dies ist ein ganz einfaches und nahrhaftes Daifuku, das man an einem Winternachmittag mit einer Tasse Tee genießen kann! Das Rezept lässt sich mit Pistazien oder mit hellem und dunklem Sesam variieren.

ZUBEREITUNG: 20 MIN. | GAREN: 8–10 MIN.

FÜR 8 DAIFUKU

Mochi-Teig (Grundrezept, Seite 24)
60 g gemahlene Mandeln
60 g gemahlene Walnüsse
80 g Puderzucker
80 g helles Mandelmus
40 ml Wasser
4 schöne Walnusskernhälften
Speisestärke

1. Den Mochi-Teig nach den Anweisungen im Grundrezept herstellen.

2. Während der Mochi-Teig gart, die gemahlenen Mandeln und Walnüsse getrennt in je eine Schüssel geben. Jeweils 40 g Puderzucker, 40 g helles Mandelmus und 1 EL Wasser (20 ml) hinzufügen und gut verrühren.

3. Aus jeder der beiden Massen vier Kugeln formen. Auf die Walnusskugeln je eine Walnusshälfte legen.

4. Die Arbeitsfläche großzügig mit Speisestärke bestäuben und den fertigen Mochi-Teig etwa 10 Min. darauf abkühlen lassen. Mit einer Schere in acht gleich große Stücke aufteilen.

5. Ein Teigstück in der Handfläche flachdrücken und zu einer Scheibe formen, eine Kugel Nuss- oder Mandelteig in die Mitte legen und wie auf Seite 66 beschrieben das Daifuku verschließen. Mit den anderen Teigstücken ebenso verfahren.

6. Lauwarm servieren (kurz im Backofen erwärmt) oder zimmerwarm genießen.

CLEMENTINEN-DAIFUKU

Diese delikaten, kleinen Kugeln sind ausgesprochen erfrischend. Man verzehrt sie gerne am Nachmittag mit einem Eistee. Ihre zarte Umhüllung birgt mit dem Herz aus Clementine eine wahre Überraschung. Der Genuss liegt in ihrer Leichtigkeit.

ZUBEREITUNG: 20 MIN. | GAREN: 8–10 MIN.

FÜR 6 DAIFUKU

Mochi-Teig (Grundrezept, Seite 24)
6 sehr kleine Clementinen
Speisestärke

1. Den Mochi-Teig nach Grundrezept herstellen.

2. Die Clementinen schälen und die weißen Häutchen entfernen.

3. Die Arbeitsfläche großzügig mit Speisestärke bestäuben und den fertigen Mochi-Teig etwa 10 Min. darauf abkühlen lassen. Mit einer Schere in sechs gleich große Stücke aufteilen.

4. Ein Teigstück in der Handfläche flachdrücken und zu einer Scheibe formen, eine Clementine in die Mitte legen und wie auf Seite 66 beschrieben das Daifuku schließen. Mit den anderen Teigstücken ebenso verfahren.
Die Daifuku halten sich mehrere Stunden bei Raumtemperatur oder gut gekühlt bis zum nächsten Tag.

TIPP: Größere Clementinen mit einem scharfen Messer quer in drei Scheiben schneiden. Auch Orangen oder Mandarinen eignen sich. Diese in Segmente zerteilen und die Kerne entfernen (lassen sich gut mit den Fingerspitzen erfühlen).

ERDBEER-DAIFUKU

Dies ist die französische Variante des berühmten ichigo daifuku, einem mit einer frischen Erdbeere gefüllten Daifuku, das von süßer Bohnenpaste umgeben ist. Hier wird stattdessen Marzipan verwendet und lässt an den Geschmack eines Erdbeerkuchens denken, freilich in einer ganz anderen Form. Überwältigend köstlich!

ZUBEREITUNG: 20 MIN. | GAREN: 8–10 MIN.

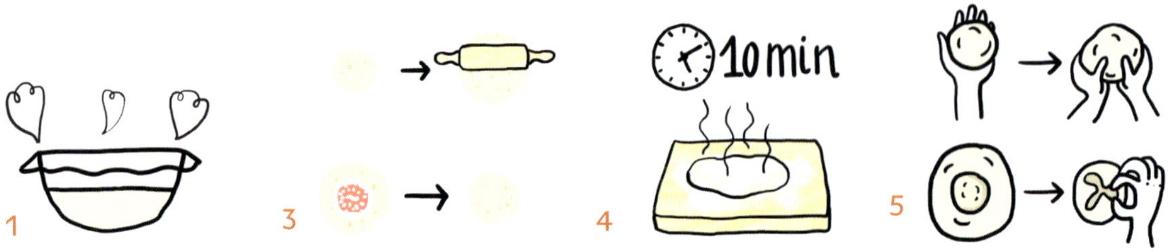

FÜR 6 DAIFUKU

Mochi-Teig (Grundrezept, Seite 24)
150 g Marzipan (Grundrezept, Seite 38)
6 Erdbeeren
Speisestärke

1. Den Mochi-Teig nach den Anweisungen im Grundrezept herstellen.

2. Das Marzipan in sechs gleich große Stücke aufteilen und jedes Stück zwischen den Handflächen zu einer Kugel rollen. Die Erdbeeren waschen und mit einem Küchentuch trocken tupfen, entstielen.

3. Die Arbeitsfläche leicht anfeuchten und eine Marzipankugel darauf ausrollen. Eine Erdbeere in die Mitte setzen, die Seiten nach oben biegen und verschließen. Mit den anderen Marzipanstücken und Erdbeeren ebenso verfahren.

4. Die Arbeitsfläche großzügig mit Speisestärke bestäuben und den fertigen Mochi-Teig etwa 10 Min. darauf abkühlen lassen. Mit einer Schere in sechs gleich große Stücke aufteilen.

5. Ein Teigstück in der Handfläche flachdrücken und zu einer Scheibe formen, eine Marzipan-Erdbeere in die Mitte legen und das Daifuku wie auf Seite 66 beschrieben schließen. Mit den anderen Teigstücken ebenso verfahren. Die Daifuku halten sich mehrere Stunden bei Raumtemperatur oder gut gekühlt bis zum nächsten Tag.

GUT ZU WISSEN: Durch den Zucker wird die von Marzipan umhüllte frische Erdbeere mit der Zeit zu einem erfrischenden, leicht säuerlichen Mus. Je nachdem, wie man die Erdbeere am liebsten mag, verzehrt man das Daifuku gleich oder am Folgetag.

MOCHI MIT **MARONENCREME**

Die mit Maronencreme gefüllten Daifuku sind für alle Schleckermäulchen gedacht, die diese Creme am liebsten löffelweise essen ... Die weiche Textur und üppige Füllung ist etwas für Kastanienliebhaber.

ZUBEREITUNG: 20 MIN. | GAREN: 8–10 MIN.

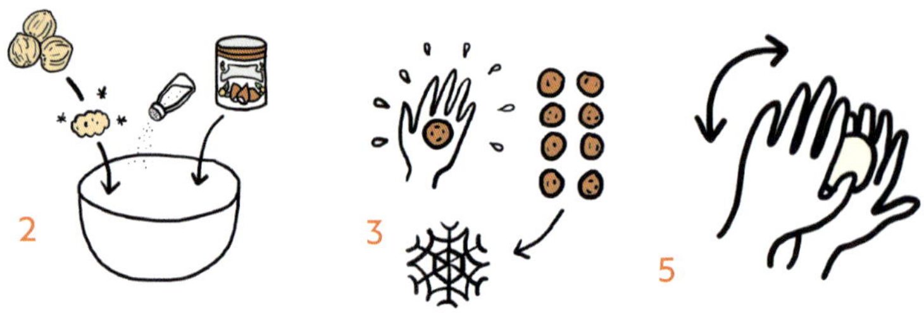

FÜR 8 DAIFUKU

Mochi-Teig (Grundrezept, Seite 24)
120 g Esskastanien, gekocht und geschält
120 g Maronencreme aus dem Glas
Salz
Speisestärke

1. Den Mochi-Teig nach Grundrezept herstellen.

2. Für die Maronencreme die gekochten Kastanien sehr fein pürieren. Mit der fertigen Maronencreme vermischen und zwei Prisen Salz hinzufügen.

3. Die Hände anfeuchten und acht walnussgroße Kugeln daraus formen. Etwa 15 Min. ins Gefrierfach stellen.

4. Die Arbeitsfläche großzügig mit Speisestärke bestäuben und den fertigen Mochi-Teig etwa 10 Min. darauf abkühlen lassen. Mit einer Schere in acht gleich große Stücke aufteilen.

5. Die Maronenkugeln aus dem Gefrierfach nehmen. Ein Teigstück in der Handfläche flachdrücken und zu einer Scheibe formen. Eine Maronenkugel in die Mitte legen und das Daifuku wie auf Seite 66 beschrieben schließen. Mit den anderen Teigstücken ebenso verfahren.

6. Jede Kugel zwischen den Händen hin- und herrollen, um die Oberfläche zu glätten. Die Daifuku halten sich gekühlt etwa einen Tag (man kann sie am Vorabend zubereiten), sie können auch eingefroren werden. Dazu passt sehr gut ein Matchatee oder auch ein Espresso.

TIPP: Zur Luxusversion werden die Daifuku mit glasierten Esskastanien (Maronen) und Baiserstückchen, die zusätzlich zur Maronenfüllung in die Mitte kommen.

GEEISTE **VANILLE-SCHOKOLADEN**-MOCHI

Diese kleinen mit Schokoladensauce überzogenen und mit Vanilleeis gefüllten Mochi erinnern an kleine Schoko-Windbeutel. Auch wenn man bei der Zubereitung schnell sein muss, zaubern können muss man nicht – versprochen!

ZUBEREITUNG: 20 MIN. | GAREN: 12 MIN. | GEFRIERZEIT: 2 STD.

1

5

6

FÜR 6 DAIFUKU

180 g Vanilleeis

MOCHI-TEIG

60 g Shiratamako*
50 g Zucker
120 ml Wasser
Speisestärke

SCHOKOLADENSAUCE

100 g dunkle Schokolade
120 ml Milch

1. Eine Stunde im Voraus Eiskugeln von je etwa 30 g formen. Auf einem Teller ins Gefrierfach stellen.

2. Für den Mochi-Teig Shiratamako und Zucker in einen kleinen Topf mit dickem Boden vermischen. Wasser zugießen und unterrühren. Bei niedriger Hitze zum Kochen bringen. Dabei wie bei einer Konditorcreme regelmäßig umrühren, bis die Masse dicklich wird (nach etwa 8–10 Min.). Der Teig ist fertig, sobald er cremeweiß, hell, dicklich und klebrig ist.

3. Arbeitsfläche großzügig mit Speisestärke bestäuben. Fertigen Mochi-Teig etwa 10 Min. darauf abkühlen lassen. Mit einer Schere in acht gleich große Stücke aufteilen. Aus Frischhaltefolie 15 cm große Quadrate zuschneiden.

4. Eis aus dem Gefrierfach nehmen. Einen leeren Teller, auf dem später die Mochi serviert werden, ins Gefrierfach stellen.

5. Ein Stück Mochi-Teig mithilfe einer mit Speisestärke bestäubten Teigrolle ausrollen. Auf ein Stück Frischhaltefolie legen und in die Mitte eine Eiskugel setzen.

6. Teigränder nach oben klappen und zusammendrücken. Mit der Folie ins Gefrierfach legen. Mindestens 2 Std. gefrieren lassen und 15 Min. vor dem Servieren herausnehmen.

7. Für die Schokoladensauce Milch in einem Topf aufkochen. Schokolade feinhacken, mit Milch übergießen und glattrühren. Mochi ohne Folie mit Sauce sofort servieren.

TEIGZUBEREITUNG IN DER MIKROWELLE:

A. Shiratamako, Zucker und Wasser in einer mikrowellengeeigneten Schale vermischen, mit Frischhaltefolie abdecken und zweimal je 2 Min. bei 600 Watt garen. Den Mochi-Teig zwischendurch umrühren. Dann nach den Anweisungen in den Schritten 3–7 fertigstellen.

VARIANTE: Bereiten Sie dieses Rezept mit Ihrem Lieblingseis oder -sorbet zu und servieren Sie es mit einer Fruchtsauce, mit Konditorcreme oder einfach pur.

NERIKIRI

Nerikiri sind kleine Konfektskulpturen aus Japan. Sie sind sehr fein und zart und bezaubern alle, die Präzision zu schätzen wissen. Traditionell werden sie aus einer Mischung aus Shiroan* (einer weißen Bohnenpaste) und Gyūhi* (einem besonders weichen Mochi*-Teig) in zahlreichen Formen und Farben hergestellt. Wenn Sie keine Zeit haben, Nerikiri-Teig selbst zu machen, können Sie auch einfach Marzipan kaufen. Die vorgeschlagenen Formen sind vergleichsweise einfach anzufertigen. Sie können es sich noch leichter machen, indem Sie nur Shiroan verwenden. Nerikiri kann man sehr gut einfrieren, sparen Sie also nicht an der Menge!

NERIKIRI MIT **MATCHA**

Bei diesem Nerikiri verbinden sich zwei Genüsse der süßen japanischen Küche miteinander, nämlich Grüntee und anko. Es enthüllt zusammen mit einem frisch zubereiteten Matcha subtile Aromen zwischen süß und bitter.*

ZUBEREITUNG: 30 MIN. | OHNE GAREN

2

3

4

FÜR 8 NERIKIRI

300 g Anko (Grundrezept, Seite 30)
300 g Nerikiri-Teig (Grundrezept, Seite 34)
2 TL Matcha (Grünteepulver)

1. Das Anko in acht gleich große Stücke aufteilen und zwischen den Handflächen zu Kugeln rollen. Kühlstellen.

2. Nerikiri-Teig mit Matcha zu einem glatten Teig verrühren. In acht gleich große Stücke teilen zwischen den Handflächen zu Kugeln formen.

3. Mit einer kleinen Teigrolle die grünen Kugeln auf Backpapier zu ovalen Scheibe ausrollen. In Blattform zurechtschneiden und mit einer Messerspitze Blattadern hineinritzen.

4. In die Mitte jedes Blattes eine Kugel Anko legen und das Blatt herumwickeln. Fertig! Nerikiri kühlstellen und innerhalb von zwei Tagen verzehren.

NERIKIRI MIT **KOKOS** UND **YUZU**

Diese kleinen weißen Häschen haben einen knusprigen Kern aus Kokos und Yuzu. Yuzu sind japanische Zitrusfrüchte, die wegen ihres besonderen Aromas geschätzt werden. Ihr Saft erinnert an Limetten, aus ihrer Schale wird ätherisches Öl gewonnen. Ebenso beliebt wie die klassische Kombination von Kokos mit Zitrus, ist auch Kakao mit Kokos: Die Nerikiri werden dann nur mit Kokos hergestellt und mit Kakaopulver bestäubt.

ZUBEREITUNG: 30 MIN. | OHNE GAREN

3

5

6

FÜR 8 NERIKIRI

200 g Nerikiri-Teig (Grundrezept, Seite 34)
3 EL Kokosraspel
30 g Marzipan, rosa eingefärbt (Grundrezept, Seite 38)

KOKOSFÜLLUNG

65 g Kokosraspel
80 g Nerikiri-Teig
1 EL Agavendicksaft (oder Honig)
1–2 Trp Yuzuöl (ätherisches Öl in Lebensmittelqualität; alternativ: Zitrusöl zum Backen)
15 ml Wasser

1. Für die Kokosfüllung alle Zutaten miteinander vermischen. Masse in acht gleichgroße Stücke teilen und zwischen den Handflächen zu acht Kugeln rollen.
2. Nerikiri-Teig in acht gleich große Stücke teilen, jedes zu einer Kugel formen.
3. Nerikirikugeln zwischen den Handflächen flachdrücken, eine Kokoskugel daraufsetzen.
4. Teigränder nach oben biegen, festdrücken und verschließen. Zwischen den Händen glattrollen.
5. Kugeln ein wenig flachdrücken und eine Spitze für die Schnauze formen. Mit Kokosraspeln bestreuen, vorsichtig andrücken.
6. Aus rosa Marzipan acht Ohrenpaare ausschneiden, je ein Paar auf jedes Nerikiri legen. Kühlstellen und innerhalb von zwei Tagen verzehren.

HINWEIS: Yuzuöl darf wie alle ätherischen Öle, die zum Verzehr geeignet sind, nur mit Vorsicht und sehr sparsam verwendet werden.

ZITRONEN-MANDEL-NERIKIRI

*Dieses kleine Konfekt sieht wie Nerikiri aus, besteht aber einfach aus einer Marzipanhülle mit einem intensiv nach Zitrone schmeckendem Kern. Man kann natürlich auch den klassischen Weg wählen und das Marzipan durch shiroan * ersetzen …*

ZUBEREITUNG: 30 MIN. | GAREN: 5–8 MINUTEN

2

4

6

FÜR 8 NERIKIRI

200 g Marzipan (Grundrezept, Seite 38)

ZITRONEN-KERN

50 g Zucker (oder 30 ml Agavendicksaft)
90 ml Zitronensaft
30 ml Wasser
10 g Mandelmus oder Butter
1 Msp gelbe Lebensmittelfarbe
20 g Speisestärke

1. Für den Zitronen-Kern alle Zutaten außer der Speisestärke in einem Topf mischen. Dann zügig die Speisestärke unterrühren.
2. Die Masse bei geringer Hitzezufuhr eindicken lassen (das dauert ca. 5–8 Min.). Etwa 10 Min. abkühlen lassen, dann in acht gleich große Stücke aufteilen und daraus acht kleine Kugeln formen.
3. Das Marzipan ebenfalls in acht gleich große Stücke teilen und jedes zu einer Kugel formen.
4. Mit einer Teigrolle die Marzipankugeln zu Scheiben ausrollen und in die Mitte jeweils eine Zitronenkugel setzen.
5. Die Kugeln verschließen, dafür die Ränder nach oben biegen und mit den Fingerspitzen zusammendrücken. Dann die Kugeln zwischen den Handflächen rollen, damit die Oberfläche glatt wird.
6. Mit einer Messerspitze Rillen in die Oberseite schneiden und so die Blütenblätter formen. Gekühlt halten sich diese Nerikiri zwei Tage.

TEIGZUBEREITUNG IN DER MIKROWELLE:

A. Für den Zitronen-Kern alle Zutaten außer der Speisestärke in einer mikrowellengeeigneten Schale mischen. Dann zügig die Speisestärke unterrühren.

B. Die Schale mit Frischhaltefolie bedecken und die Masse 1½ Min. bei 850 Watt in der Mikrowelle garen. Anschließend gut umrühren, wieder abdecken und nochmals 1½ Min. garen. Etwa 10 Min. abkühlen lassen. In acht gleich große Stücke aufteilen und daraus acht kleine Kugeln formen. Dann nach den Anweisungen in den Schritten 3–6 fertigstellen.

VEILCHEN-NERIKIRI

Dieses kleine Konfekt in der Farbe und mit dem Aroma von Veilchen ist ganz bezaubernd – sehr leicht in der Herstellung, aber groß in der Wirkung. Man muss nur darauf achten, zwischen den Arbeitsschritten die Hände immer wieder zu waschen und gut abzutrocknen, damit sich die Farben nicht mischen.

ZUBEREITUNG: 40 MIN. | OHNE GAREN

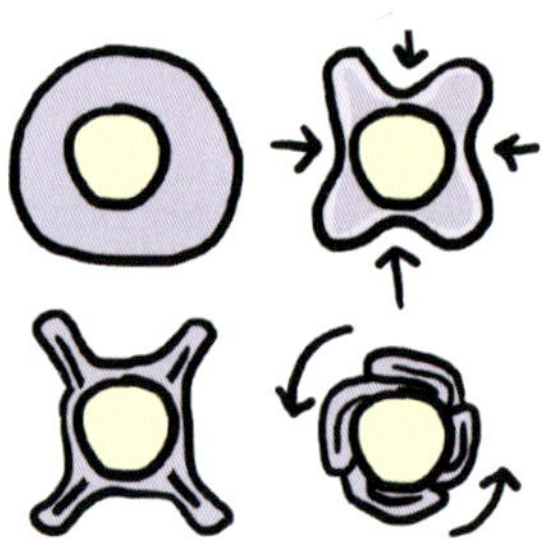

5

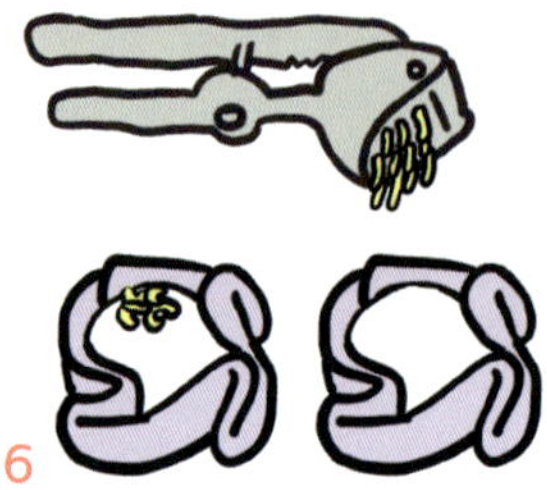

6

FÜR 8 NERIKIRI

230 g Nerikiri-Teig (Grundrezept, Seite 34)
1 TL natürliches Veilchenaroma
violette und gelbe Lebensmittelfarbe

1. Den Nerikiri-Teig in drei Teile aufteilen: 5 g für den Blütenstaub, 80 g für das aromatisierte Herz und 145 g für die äußeren Blütenblätter.

2. Für den Blütenstaub gelbe Lebensmittelfarbe, für das Herz Veilchenaroma und für die Blütenblätter violette Lebensmittelfarbe in die Teige geben und jeweils gut mit den Händen unterkneten.

3. Den Teig für die Blütenblätter und für die Herzen jeweils in acht gleich große Stücke aufteilen und zu kleinen Kugeln formen.

4. Für die Blütenblätter mit einer Teigrolle jede violette Kugel auf Backpapier ausrollen. Mit einem Kreisausstecher oder Glas jeweils eine Scheibe mit glattem Rand ausstechen.

5. In die Mitte der violetten Scheiben jeweils eine mit Veilchenaroma verfeinerte Kugel setzen. Die Scheiben viermal einknicken und um die Veilchenkugeln herum drapieren.

6. Mithilfe einer Knoblauchpresse den Blütenstaub aus dem gelben Teig formen und auf die Nerikiri setzen.

NERIKIRI MIT **MARONEN** UND **SCHOKOLADE**

Diese Nerikiri haben eine Schokoladenhülle und verbergen im Inneren einen Maronenkern. Sie sind eine passende Nascherei für den Nachmittagskaffee. Auch mit einem Kleks Schlagsahne sind sie ausgesprochen lecker!

ZUBEREITUNG: 35 MIN. | OHNE GAREN

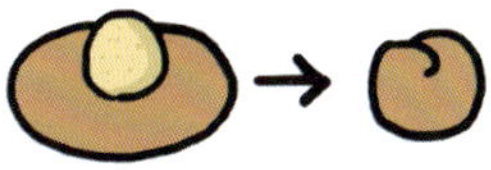

3

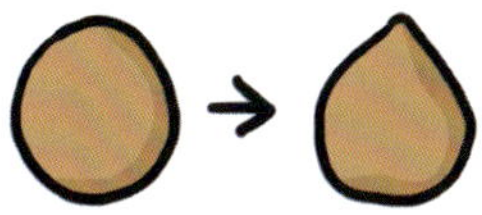

4

5

FÜR 8 NERIKIRI

130 g Nerikiri-Teig (Grundrezept, Seite 34)
2 TL Kakaopulver
80 g Esskastanien, gekocht und geschält
60 g Maronencreme

1. Mit einer Gabel oder mit den Händen das Kakaopulver unter den Nerikiri-Teig kneten. In acht gleich große Stücke teilen.
2. Für die Füllung die Kastanien zusammen mit der Maronencreme pürieren. 30 g für die Dekoration zur Seite stellen und aus dem Rest acht Kugeln formen.
3. Die Schokoladenkugeln zwischen den Handflächen flachdrücken. Auf jede Scheibe eine Maronenkugel setzen, die Ränder nach oben klappen und zusammendrücken.
4. Zwischen den Handflächen zu Kugeln rollen und dann vorsichtig eine Spitze formen, sodass sie eine Kastanienform erhalten.
5. Für die Unterseite die übrige Maronenmasse in acht Stücke unterteilen und jedes zu einer ovalen Scheibe ausrollen. An die Unterseite der Kastanien setzen und mit dem Finger leicht andrücken. Fertig!
6. Am selben oder am folgenden Tag verzehren. Diese Nerikiri lassen sich auch sehr gut einfrieren.

NERIKIRI-**TANNEN**

Diese Nerikiri in Tannenform werden traditionell mit Shiroan (weißer Bohnenpaste) und süßen Adzukibohnen zubereitet. Hier wird ein Rezept mit grüner Linsenpaste, die mit Wacholder aromatisiert wurde, vorgestellt. Das angenehm schmeckende Wacholderöl wirkt entgiftend und reinigend, also ideal für die Zeit zwischen den Feiertagen.*

ZUBEREITUNG: 30 MIN. | OHNE GAREN

FÜR 8 NERIKIRI

160 g süße Linsenpaste (Grundrezept, Seite 37)
2 Trp ätherisches Wacholderöl in Lebensmittelqualität
grüne Lebensmittelfarbe
8 getrocknete Wacholderbeeren für die Dekoration
Puderzucker

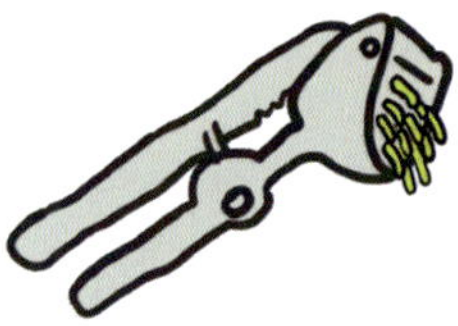

3

1. Das Wacholderöl und ein paar Tropfen grüne Lebensmittelfarbe unter die Linsenpaste kneten. 50 g für die Tannenzweige zur Seite legen und den Rest in acht gleich große Stücke unterteilen.

2. Jedes Stück mit den Händen erst zu einer Kugel, dann zu einem Kegel formen.

3. Für die Tannenzweige den übrigen Teig durch eine Knoblauchpresse drücken und mithilfe eines Holzstäbchens vorsichtig auf die Kegel setzen.

4. Mit den Wacholderbeeren dekorieren. Kurz vor dem Verzehr mit Puderzucker bestäuben.

HINWEIS: Ätherische Öle sind für Kinder und schwangere Frauen nicht empfehlenswert. Generell müssen sie mit Vorsicht genutzt und dürfen nur in Lebensmittelqualität äußerst sparsam verwendet werden.

ORANGEN-NERIKIRI MIT **SCHOKOLADE**

Wer die Kombination von Orange und Schokolade schätzt, wird dieses Konfekt lieben. Es sieht von außen wie eine Orange aus und birgt im Inneren eine sehr leichte und ganz einfach herzustellende Füllung aus Ganache. Dieses Nerikiri gehört zum Jahresende einfach dazu!

ZUBEREITUNG: 40 MIN. | KÜHLZEIT: 2 STD. | GAREN: 20 MIN.

1

5

6

FÜR 8 NERIKIRI

80 ml Milch
100 g dunkle Schokolade
1 Prise Salz
1 unbehandelte Bio-Orange, Schalenabrieb
280 g Nerikiri-Teig (Grundrezept, Seite 34)
2 Trp ätherisches Süßorangenöl in Lebensmittelqualität
orangefarbene Lebensmittelfarbe (oder eine Mischung aus roter und gelber)

1. Zunächst die Ganache herstellen. Dafür die Milch in einem Topf erhitzen, die Schokolade hacken und die Milch über die Schokolade gießen. Eine Prise Salz hinzufügen und umrühren, bis die Schokolade vollständig geschmolzen ist. Eine Schale mit Frischhaltefolie auskleiden, die Ganache hineingießen und 2 Std. kühlstellen.

2. Eine ofenfeste Form mit Backpapier auslegen und den Orangenabrieb daraufgeben. 20 Min. bei 100 °C im Backofen trocknen lassen. Herausnehmen und zur Seite stellen.

3. Den Nerikiri-Teig herstellen und das Orangenöl und ein paar Tropfen Lebensmittelfarbe unterkneten. Den Teig in acht gleich große Stücke aufteilen und daraus je eine Kugel formen. Kühlstellen.

4. Sobald die Ganache hart geworden ist, aus dem Kühlschrank nehmen. In acht gleich große Stücke aufteilen und zwischen den Handflächen zügig Kugeln daraus formen.

5. Für die Nerikiri ein Stück Nerikiri-Teig zwischen den sorgfältig abgetrockneten Handflächen flachdrücken. Die Teigscheibe sollte etwas kleiner als die Handfläche sein. Eine Ganachekugel in die Mitte setzen und die Teigränder hochklappen. Die Nahtstellen schließen und in der Mitte eine kleine Vertiefung eindrücken. Mit den anderen Teigstücken ebenso verfahren.

6. Die Kugeln in der Orangenschale wälzen. Fertig! Kühl aufbewahren und noch am selben oder am folgenden Tag verzehren. Man kann die Nerikiri auch sehr gut einfrieren.

TIPP: Sie erzielen einen tollen Effekt, wenn Sie auf jedes Nerikiri den Stielansatz einer echten Orange setzen.

HINWEIS: Auch Süßorangenöl sollte wie alle ätherischen Öle immer vorsichtig und sparsam dosiert werden.

QUITTEN-NERIKIRI

Diese gelben Nerikiri haben eine Füllung aus Quittenpaste. Ein süße Ode an die aromatische Herbstfrucht!

ZUBEREITUNG: 30 MIN. | GEFRIERZEIT: 15 MIN. | OHNE GAREN

FÜR 8 NERIKIRI

230 g Nerikiri-Teig (Grundrezept, Seite 34)
gelbe und grüne Lebensmittelfarbe
120 g schnittfeste Quittenpaste (Quittenkonfekt/-speck: selbstgemacht mit dem Rezept unter *hvlink.de/quittenpaste*, oder beim Feinkostversender)

1. 200 g Nerikiri-Teig für die Frucht mit gelber und 30 g Nerikiri-Teig für die Blätter mit grüner Lebensmittelfarbe einfärben. Jeweils in Frischhaltefolie wickeln und für 15 Min. zum Härten ins Gefrierfach legen.

2. Den gelben Teig in acht gleich große Stücke teilen und zwischen den Handflächen zu Kugeln rollen.

3. Den grünen Teig in acht kleine Stücke teilen. Diese flachdrücken und zu Blättern formen. Mit einer Messerspitze die Blattadern einritzen. Nebeneinander auf einen Teller legen und ins Gefrierfach stellen.

4. Die Quittenpaste in acht gleich große Stücke schneiden. Zwischen den Handflächen zu Kugeln rollen.

5. Die gelben Teigkugeln zwischen den Handflächen flachdrücken und in die Mitte jeweils eine Kugel Quittenpaste setzen.

6. Die Teigränder nach oben klappen und zusammendrücken. Die oberen Teile ein wenig wölben, um die Quittenform zu modellieren. Den Teller mit den Blättern aus dem Gefrierfach nehmen und jeweils ein Blatt auf einem Nerikiri anbringen. Kühl aufbewahren und innerhalb von zwei Tagen verzehren.

TIPP: Wenn Sie die für Quitten typischen Flecken nachbilden möchten, tauchen Sie eine Zahnbürste in grüne Lebensmittelfarbe und bespritzen Sie die Früchte damit.

LAVENDEL-NERIKIRI

Das mit Lavendelöl aromatisierte Marzipan mit dem knackigen Innenleben bringt den Duft der Provence auf den Tisch. Man kann sie aber auch abwandeln: Nerikiri nach bretonischer Art füllt man mit Salzkaramell und bestäubt sie mit gemahlenen Haselnüssen – das ist auch nicht schlecht!

ZUBEREITUNG: 30 MIN. | OHNE GAREN

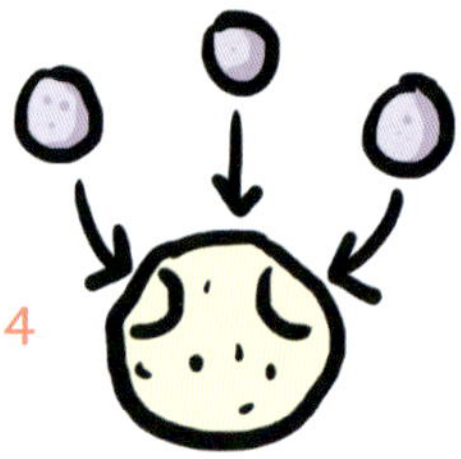
4

5

6

FÜR 8 NERIKIRI

240 g weißes Marzipan (Grundrezept, Seite 38)
2 Trp ätherisches Lavendelöl in Lebensmittelqualität
violette Lebensmittelfarbe (oder blaue und rote)
8 weiße Schokolinsen in Mandelform oder Pariser Mandeln

1. Das Lavendelöl und ein paar Tropfen violetter Lebensmittelfarbe mit 40 g Marzipan mischen. (Von der Farbe erst nur wenig nehmen, bei Bedarf noch mehr hinzufügen!)

2. Das Aroma und die Farbe gut unterkneten. Wenn der gewünschte Farbton erreicht ist, das Marzipan zu einer Kugel formen und diese in vierundzwanzig kleine Kugeln unterteilen (drei pro Nerikiri).

3. Die Hände gut waschen, sodass keine Farbe mehr daran haftet. Das restliche Marzipan in acht gleich große Stücke aufteilen. In jedes Stück eine Schokolinse oder Pariser Mandel drücken und zu einer Kugel rollen.

4. Mit dem Finger in jede Kugel drei Vertiefungen drücken und dort die kleinen, eingefärbten Kugeln platzieren.

5. Jedes Nerikiri auf ein Stück Frischhaltefolie setzen. Die Seiten nach oben klappen und mit einer Drehung fest verschließen.

6. Die Folie wieder öffnen und die Nerikiri auf kleinen Tellern servieren. Sofort verzehren oder einen Tag kühl aufbewahren. In Frischhaltefolie eingewickelt halten sie sich zwei Tage.

HINWEIS: Ätherische Öle sollten immer vorsichtig und sehr sparsam verwendet werden. Für den Verzehr müssen sie Lebensmittelqualität haben.

ANHANG

GLOSSAR

Eine kleine Übersicht der Begriffe, mit denen man die Welt der Mochi besser versteht …

ANKO Eine Paste aus Adzukibohnen, einer roten Bohnensorte mit einer feinen Haut; die Paste ist angenehm süßlich und wird für viele traditionelle japanische Konfektsorten verwendet.

DAIFUKU Kugelförmige Mochi, meistens mit Anko* (siehe dort) gefüllt. Am bekanntesten sind ***sakura mochi****, die von einem eingelegten Kirschblatt umwickelt sind, und ***kashiwa-mochi****.

DANGO Kleine, kugelförmige Mochi, die oft auf einem Spieß aufgesteckt serviert werden ***(kushi dango)***. Davon gibt es sehr viele Arten, von denen die meisten auf Basis von Anko* (siehe dort) oder mit einer süßen Shōyu* (Sojasauce) zubereitet werden.

DOMYO-JIKO Grobes Reismehl, das vor allem für die Herstellung der traditionellen ***sakura mochi****, die mit Anko* gefüllt und in ein Kirschblatt eingewickelt werden, verwendet wird.

GYŪHI (GYUHI) Ein sehr weicher Mochi-Teig (aus Klebreis).

HIGASHI Ein trockenes, knuspriges japanisches Konfekt aus Klebreismehl. Im Gegensatz dazu ist ***namagashi**** sehr weich und wird aus frischen Zutaten hergestellt. ***Higashi*** wird oft aus Reismehl und Adzukibohnenmehl oder aus Sojamehl, gemahlenen kleinen Erbsen oder auch aus verschiedenen Stärkesorten hergestellt.

JYOSHINKO (JOSHINKO) Klassisches japanisches Reismehl. Nicht zu verwechseln mit ***shiratamako****, dem Klebreismehl. Es kann auch durch normales Reismehl ersetzt werden.

KASHIWA-MOCHI Mit roten Bohnen gefüllte und in ein Eichenblatt gewickelte Daifuku.* Man verzehrt sie am ***Kodomo-no-hi,*** dem jedes Jahr am 5. Mai stattfindenden Kinderfest.

KASUTERA Ein weicher Kuchen portugiesischen Ursprungs.

MANJŪ Ein kleiner, im Dampf gegarter Kuchen.

MIRIN Ein sehr süßer japanischer Reiswein, der in der japanischen Küche oft verwendet wird. In der süßen Küche nutzt man ihn vor allem für die berühmten ***mitarashi dango,*** geröstete Reiskügelchen, die mit einem süß-salzigen Sirup begossen werden. In Europa kann man Mirin auch durch hellen Dessertwein ersetzen.

MOCHI Konfekt aus Klebreisteig. Es gibt zahlreiche Sorten, am bekanntesten sind Daifuku* und Dango.* Vor allem Kleinkinder oder Menschen mit Schluckbeschwerden verzichten besser auf den Genuss von Mochi, denn die klebrige Masse kann beim Herunterschlucken steckenbleiben und es besteht Erstickungsgefahr, wenn man die Stücke vorher nicht sorgfältig kaut.

NAMAGASHI Japanisches Konfekt (*wagashi**) aus frischen und weichen Zutaten, das zur Teezeremonie serviert wird. Es kann auch Geleefrüchte oder rote Bohnenpaste enthalten.

NERIKIRI Kleines Konfekt, das es in zahlreichen Formen und Farben gibt. Für die Herstellung verwendet man eine Mischung aus *shiroan** (siehe dort) und *gyūhi**, das wie Marzipan verarbeitet wird.

SAKURA MOCHI Mochi* mit eingelegten Kirschblättern.

SHIRATAMAKO Klebreismehl, das für Mochi* verwendet wird. Nicht zu verwechseln mit einfachem Reismehl *(joshinko*)*, mit dem man nicht das gleiche Ergebnis erzielt! Es kann durch normales Klebreismehl ersetzt werden (süß oder *glutinous rice flour)*, das man in Asialäden bekommt.
Klebreis enthält im Gegensatz zu anderen Reissorten deutlich mehr Amylopektin, eine wasserunlösliche Stärkeart, die dafür sorgt, dass dieser Reis beim Erhitzen zerfällt und die Masse zäh und klebrig wird. Andere Reissorten haben in ihrem Stärkeverhältnis mehr Amylose; je mehr, umso körniger bleiben sie nach dem Garen.

SHIROAN (SHIRO-AN, SHIRO-KOSHI-AN) Süße, weiße Bohnenpaste, die in Japan traditionell für Konfekt wie Nerikiri* verwendet wird.

SHŌYU Japanische Sojasauce, die aus fermentierten Sojasamen und eventuell aus Weizen hergestellt wird. Es gibt unt3erschiedliche Sorten (je nach Inhaltsstoffen und Ursprungsregion), zum Beispiel Tamari (ohne Weizen aus der Region Chubu) oder Koikuchi (aus Kanto), die typische japanische Sojasauce, die am weitesten verbreitet ist.

WAGASHI Traditionelles japanisches Konfekt; *wa* bedeutet „japanisch" und *gashi* „Süßigkeit", im Gegensatz zu den westlichen *yogashi**.

WASANBON Sehr feiner japanischer Zucker, traditionell in Südjapan hergestellt, auf der Insel Shikoku in den Regionen Tokushima und Kagawa.

YAKIGASHI Gebäck aus Waffelteig.

YOGASHI Wörtlich „Zucker aus dem Westen"; dabei handelt es sich um japanisches Konfekt, bei dem man einen westlichen Einfluss spürt, wie zum Beispiel *kasutera** oder auch *shukurimu* (mit Sahne oder Creme gefüllte Teigkugel).

YOKAN Gelee aus Agar-Agar und Anko*.

CONRAD

BEZUGSADRESSEN

Die hier genannten Adressen geben nur eine kleine Auswahl von Bezugsquellen wieder, bei denen man original japanische Zutaten bekommt. Aber keine Angst: Gute Mochi* gelingen auch mit den im Buch genannten Alternativen und der Einstieg in die kreative Mochi-Herstellung ist auch mit den in Europa erhältlichen Zutaten möglich.

JAPANISCHE LEBENSMITTEL

Japanische Zutaten bekommt man in Asialäden, die auch ein japanisches Sortiment anbieten. Oder Sie fragen in einem japanischen Restaurant, wo der Koch seine Zutaten einkauft. Auch in Bioläden mit einem makrobiotischen Angebot (spezielle Ernährungsweise) kann man fündig werden, ebenso in Supermärkten mit einer internationalen Feinkostabteilung. In nahezu allen Großstädten in Deutschland, Österreich und der Schweiz gibt es inzwischen auch rein japanische Lebensmittelläden. Die größte japanische Gemeinde Deutschlands befindet sich in Düsseldorf – rund um die Immermannstraße gibt es zahlreiche Geschäfte für Authentisches aus Japan. In Österreich leben die meisten Japaner in Wien und man bekommt nicht nur auf dem legendären Naschmarkt japanische Spezialitäten. In der deutschsprachigen Schweiz sind Basel und Zürich die Hauptstandorte der japanischen Community.
Im Internet gibt es immer mehr Shops, die japanische Lebensart und Kochkunst pflegen, aber auch bei Feinkostversendern, die eine japanische Abteilung haben, bekommt man viele Zutaten für Mochi*, Nerikiri* und Co.

www.asiamarkt-wing.de
www.dae-yang.de
www.gourmondo.de
www.insiderasia.de
http://japan-daisuki.rakuten-shop.de
www.japan-feinkost.de
www.japan-lebensmittel.de

www.my-asia-shop.de
www.nanuko.de
http://shochiku-online.com

www.nishishop.ch
http://shop.shinwazen.ch

ÄTHERISCHE ÖLE ZUM KOCHEN

Im gut sortierten Biohandel oder bei Spezialversendern im Internet.

HINWEIS: Die hier aufgeführten Internetadressen spiegeln den Stand des Bucherscheinungsjahres wieder und erheben keinen Anspruch auf Vollständigkeit.

REZEPTÜBERSICHT

REZEPT- UND ZUTATENREGISTER

DANKSAGUNG

Ich danke meinen Verlegerinnen, Florence Lécuyer und Jeanne Castoriano, für ihr Vertrauen, ebenso der Grafikerin Florence Cailly mit ihrem stilsicheren Sinn für Ästhetik!

Ein Dankeschön an die Keramikerin Agnès de Guébriant für ihre auf Maß gefertigten Werke, die das Miniformat der Mochi aufs Beste unterstreichen.

Ich danke zudem der Fotografin Constance Viot, für ihre schönen Porträts und ihre gelungenen atmosphärischen Fotos.

Ein großer Dank geht an meinen Gustave und an alle meine Nächsten, die willig die Rolle der Verkoster übernommen und mir geholfen haben, die guten Eingebungen von den weniger guten zu trennen … und manchmal waren es echt sehr schlechte Ideen!

Schlussendlich ein riesiges Dankeschön an all diejenigen, die mir seit nunmehr über fünf Jahren auf meinem Blog „Cuisine en Bandoulière" folgen!

IMPRESSUM

Die französische Originalausgabe erschien 2015 unter dem Titel „Mochi Mochis – Douceurs made in Japan" bei Éditions de La Martinière, Paris.

www.haedecke-verlag.de und **www.mizzis-kuechenblock.de**
Fotos, Styling und Illustrationen: Mathilda Motte | Grafik: Florence Cailly
Übersetzung aus dem Französischen: Dr. Katrin Korch
Lektorat der deutschen Ausgabe: Johanna Gaebel | Redaktion der deutschen Ausgabe: nvsg
Gestaltung der deutschen Ausgabe: Julia Graff, Hädecke Verlag, unter Verwendung der Basic Gothic (Hannes von Döhren und Livius Dietzel/FontFont) und LiebeCook (Ulrike Rausch/LiebeFonts)

Printed in Germany 2016
4 3 2 1 | 2019 2018 2017 2016
ISBN 978-3-7750-0753-5

ABKÜRZUNGEN UND HINWEISE ZU DEN REZEPTEN

Min.	Minute/n	**cm**	Zentimeter	**ml**	Milliliter (1/1000 Liter)	**TL**	Teelöffel
Sek.	Sekunde/n	**ca.**	Circa			**Trp**	Tropfen
Std.	Stunde/n	**g**	Gramm	**EL**	Esslöffel	**Msp**	Messerspitze

Die Löffelangaben beziehen sich, soweit nicht anders vermerkt, immer auf das gestrichene Maß.
Ältere oder Menschen mit Schluckbeschwerden und Kleinkinder sollten auf den Verzehr von Konfekt auf Klebreismehlbasis verzichten.
Zitrusfrüchte, deren abgeriebene Schale verwendet wird, sind grundsätzlich ungewachst und aus biologischem Anbau. Die Früchte vor dem Reiben gründlich waschen, gewachste vorher vollständig mit heißem Seifenwasser abbürsten.